존 넬슨 다비의
요한복음 묵상

생명을 얻고 더 풍성한 삶을 얻는 길

Originally published under the title of
Meditation on the Gospel of John
by John Nelson Darby
Copyright©Les Hodgett, Stem Publishing
7 Primrose Way, Cliffsend, Ramsgate, Kent, U.K.

Korean translation copyright
ⓒ 2012 by Brethren House, Korea
All rights reserved

존 넬슨 다비의 요한복음 묵상
ⓒ형제들의 집 2012

초판 발행 • 2012.8.25
지은이 • 존 넬슨 다비
옮긴이 • 이 종 수
발행처 • 형제들의집
판권ⓒ형제들의집 2012
등록 제 7-313호(2006.2.6)
Cell. 010-9317-9103
홈페이지 http://brethrenhouse.co.kr
카페 cafe.daum.net/BrethrenHouse
ISBN 978-89-93141-52-8 03230

✽값은 뒤표지에 있습니다.
✽잘못된 책은 바꿔드립니다.
✽서점공급처는 〈생명의말씀사〉입니다. 전화(02) 3159-7979(영업부)

존 넬슨 다비의
요한복음 묵상

생명을 얻고 더 풍성한 삶을 얻는 길

존 넬슨 다비 지음 | 이종수 옮김

형제들의 집

차례

Chapter 1 요한복음 1장 1-13절
말씀이 육신이 되어 우리 가운데 거하심 • 7
1장 요약 • 16

Chapter 2 요한복음 1장 29-34절
그리스도의 승천의 결과로 이 땅에 오신 성령의 임재 • 17
2장 요약 • 60

Chapter 3 요한복음 3장
거듭남 • 61
3장 요약 • 74

Chapter 4 요한복음 3장
설교 • 75
4장 요약 • 83

Chapter 5 요한복음 4장
영생하도록 솟아나는 샘물 • 84
5장 요약 • 98

Chapter 6 요한복음 7장
생수의 강 • 99
6장 요약 • 108

Chapter 7 요한복음 8장 58절
아브라함이 나기 전부터 내가 있느니라 • 109
7장 요약 • 115

Chapter 8 요한복음 11장
부활과 생명 • 116
8장 요약 • 123

Chapter 9 요한복음 13장
그리스도 사랑의 지속성, 그리고 보혜사 • 124
9장 요약 • 131

Chapter 10 요한복음 14장
우리 소망이신 그리스도, 성령님, 그리고 우리의 책임 • 132
10장 요약 • 140

Chapter 11 요한복음 16장
위에 계신 그리스도, 아래에 계신 성령님 • 141
11장 요약 • 153

Chapter 12 요한복음 17장
제자들을 위해 간구하시는 하나님의 아들 • 154
12장 요약 • 172

Chapter 13 요한복음 18장
자원해서 잡히신 예수님 • 173
13장 요약 • 178

Chapter 14 요한복음 20장
은혜의 작용과 은혜의 끝 • 179
14장 요약 • 187

Chapter 15 요한복음 20장
평강이 있을지어다 • 188
15장 요약 • 198

Chapter 1
요한복음 1장 1-13절
말씀이 육신이 되어 우리 가운데 거하심

The Word made Flesh

95

요한복음을 이해하는 가장 중요한 열쇠는 요한복음 1장에 있다. 요한복음 1장은 대체로 매우 단순하면서도 특징적인 방식으로 묘사되어 있다. **성령님의 목적은 예수님의 위격(또는 신성)이 가지고 있는 영광을 보여주는 것이다.** 신약성경은 전체적으로 우리 주님의 다양한 측면을 제시하고 있지만, 사실 요한복음 1장만큼 그리스도의 위격을 잘 설명하고 있는 장도 없다. 그리스도의 신적인 영광이 조심스럽게 변호되고 있다. 그리스도께서는 요한복음 1장에서 참으로 독특한 언어로 본성상 하나님으로 - 물론 사람으로도 제시되고 있다. 그리스도는 아버지 하나님, 그리고 성령님과 마찬가지로 하나님이시다. 반면 그리스도는 아버지와 성령님과는 달리 말씀이시다. 유일하게 하나님의 말씀이신 분은 예수 그리스도 하나님의 아들 뿐이다. 그리스도만이 하나님을 표현하도록 육체를 입으신 인격적인 존재이시다. 반면 아버지와 성령님은 보이지 않는 모습으로 신성한 위엄을 가진 채 존재하신다. 말씀은 하나님을 명확하게 표현하기 위한 그리스도의 자리이다. 이 자리는 그리스도에게만 속해 있다. 또한 그리스도는 아버지와 성령님과는 달리 독특한 위격의 영광을 가지고 있다. 이는 단순히 그리스도께서 세상에 오셨을 때 말씀이셨다는 것이 아니다. "태초에 말씀이 계시니라" 즉 아무 피조물이 존재하기 이전에도 말씀으로 존재했다는 것이다. 그 무엇이 창조되어 존재하기도 전에, 말씀이 태초에 하나님과 함께 계셨다. 단순히 하나님 안에 있었던 것도 아니다. 마치 하나님 안에 합병되거나 흡수된 상태로 있었던 것이 아니라, 창조물이 존재하기도 전에 그리스도는 독립적이고 인격적이며 또한 자존적인 존재로 계셨다. 그리스도는 태초에 하나님과 함께 계신 분이셨다. 이 부분은 그리스도에 대한 진리로 시작하는 요한복음을 이해하는데 있어서 대단히 중요한 요소들이다.

그리고 나서 우리는 그리스도께서 가지고 있는 창조의 영광에 대해서 진술하고 있는 것을 본다. "만물이 그로 말미암아 지은 바 되었으니"(요 1:3) 아무것도 없는 상태에서 오직 하나님 자신의 뜻과 능력에 의해서, 무에서 유를 존재하게 만드는 창조의 역사 보다 하나님을 하나님 되게 하는 것은 없다. 이제 만물이 말씀에 의해서 존재하게 되었다. 그리고 성령님은 다음 구절을 더하심으로써 이 사실을 더욱 강조하고 있다. "지은 것이 하나도 그가 없이는 된 것이 없느니라."(요 1:3)

주 예수님께 속한, 창조되지 않은 것이 있었다. "그 안에 생명이 있었으니"(요 1:4) 주 예수님은 이전에는 존재하지 않았던 것들에게 생명을 불어 넣어주실 수 있었을 뿐만 아니라, 영원 전부터 자신에게만 속해 있는 생명도 가지고 있었다. "그 안에 생명이 있었으니" 이 생명은 시작이 없다. 반면 모든 피조물은 다 시작이 있다. 그들 존재의 시작을 명하신 분은 주 예수님이셨다. 바로 주 예수님 안에 생명이 있었다. 이 생명은 창조되지 않았으며, 따라서 이 생명은 본질상 신성에 속한 것이었다.

96

사람에게 가장 중요한 것은 이 생명의 실존과 나타남이다. 시작을 가지고 있는 세상 모든 것은 다만 피조물에 불과하지만, 그리스도 안에 있었던 것은 신성한 생명이었다. 사람은 본래 이 땅에 이 생명의 나타남을 소유하도록 운명을 가지고 있었다. 그리고 그리스도께서 이 세상에 오시기 전에 이 생명은 그리스도 안에 있었다. 이 생명은 천사들의 빛이 아니라 사람들의 빛으로 불린다. 성경에서 우리는 영원한 생명이 창조되었거나 피조물의 일부라는 구절을 찾을 수 없다. 천사들이 하나님의 아들 안에 있는 생명을 소유하고 있다는 내용도 없다. 천사들은 다만 신적인 능력과 거룩성으로 살아가는 존재이다. 그들은 순수하게 피조된 생명을 가지고 있을 뿐이다. 반면 믿는 우리는 예수 그리스도 하나님의 아들 안에 있는 영원한 생명을 가지고 있으며, 따라서 우리는 신의 성품(본성)에 참여한 자들이라는 것은 참으로 놀라운 성경의 계시이다. 천사들은 이러한 복락(福樂)과는 관계가 없다. 우리는 한순간도 피조물의 자리를 벗어날 수는 없지만, 그럼에도 하나님의 아들 그리스도 안에서 피조물의 자리 너머에 있는 것을 소유하게 된다.

"빛이 어둠에 비치되 어둠이 깨닫지 못하더라"(요 1:5) 이것은 하나님이 사람들을 세대적인 경륜에 따라 섭리해 오신 온 세상 역사를 보면서 우리가 흔히 간과하고 있는 사실을 참으로 놀라운 방식으로 말해주고 있다. 모든 세대가 쉬이 지나갔다. 인간은 그 모든 세대가 끊임없이 새로이 왔다가 지나가는 것을 생각해야 한다. 하나님은 세대 속에서 피조물에게 존재 의미를 부여해주었고, 하나님은 피조물의 다양한 모습 때문에 계속해서 세대를 변화시켜야만 했다. 따라서 과학은 그 불확정성과 피곤한 방식을 좇느라 고전을 면치 못하고 있다. 이 모든 것은 "만물이 그로 말미암아 지은 바 되었으니"라는 구절 속에 압축되고 있다. 성경, 특히 요한복음 1장은 참으로 놀라운 간결성으로 이것을 요약하고 있다. "만물이 그로 말미암아 지은 바 되었[다]" 그 상세한 내용들을 다루는 것은 고려되고 있지 않다. 창세기 1장의 내용을 알고 있다면 많은 유익이 있을 것이다. 창세기 1장처럼 우주 창조를 명확하게 설명하고 있는 것은 없다. 세상의 생성과 체계에 대해서 사람이 생각하고, 말하고, 또 기록한 모든 것은 창세기 1장의 그 좁은 지면에서 표현하고 있는 것과 비교해볼 때, 그 단순성과 깊이와 명확성에 있어서 감히 비교가 되지 않는다.

이 모든 문제들이 두 세 마디의 말씀으로 해결되는 이유가 있다. 성령님이 우리로 주목하게 하는 대상이 바로 하나님의 말씀이신 주 예수님이시기 때문이다. 주 예수님께서 세상을 창조하셨음을 아는 순간 그분에게 경의를 표하게 되며, 그분을 창조주로 경배하게 되고, 다른 것들은 더 이상 문제가 되지 않게 된다. "만물이 그로 말미암아 지은 바 되었으니 지은 것이 하나도 그가 없이는 된 것이 없느니라"(요 1:3) 주 예수님께서 만물을 창조하셨다고 말하는 것으로 충분하다. 주님은 하나님의 은혜 가운데 계신다. 우리는 이 부분에서 요한복음 1장을 주신 성령님의 목적이 무엇인지를 배운다. 창조의 모든 상세한 내용은 우리에게 제시되지 않았다. 이는 우리에게 예수님을 사람들의 빛으로 소개하기 위한 목적 때문이다.

97

무슨 상태에서 주님은 사람들을 찾으시는가? 흔히 생각하는 것처럼, 사람들 사이에 무슨 차이가 있는 것일까? 물론 사람들 중에는 우상숭배자, 지혜롭고 신중한 사람들, 또는 나무나 돌덩이로 만든 우상을 숭배하는 사람들이 있다. 우상숭배자들은 아닐지라도, 모세가 준 율법에 열심을 내는 사람들도 있다. 하지만 하나님의 말씀은 율법에 대해서 또는 그 차이점에 대해서 아무런 논의도 하지 않는다. 다만 하나님의 말씀은 모든 사람들을 비추는 빛이었다. 유대인이거나 이방인이거나 아무런 차이가 없다. 그들은 다만 어둠일 뿐이다. 물리적인 세계만이 아니라 도덕적인 세상도 어둠에 갇혀 있다. "빛이 어둠에 비치되" 이방인의 자랑이 무엇이든지, 유대인의 율법에 대한 자랑이 무엇이든지, 모든 것은 참 빛으로 비추는 하나님의 말씀에 의해서 판단을 받게 되면 무색해질 뿐이다. 유대인이나 이방인이나, 그들은 다만 어둠일 뿐이었다. 빛이 어둠을 비추자 모든 교만과 가식이 드러나게 되었고, 그럼에도 어둠은 깨닫지 못했다. 그래서 거듭난 일이 없는 자연인은 하나님의 성령의 일을 받지 못한다. **성령님이 임하셔야 모든 일이 시험을 받고 성령님에 의해서 영적인 각성이 일어나게 된다.** 그리스도께서는 요한이 여기서 하나님의 아들을 소개하는 것과 같은 방식으로 바울에 의해서도 소개되었다. 다시 말해서 하나님과 비교해서 사람은 얼마나 가련한 존재인지, 그리고 사람은 하나님의 아들 안에 있는 진리 또는 성령님에 의해서 진리를 이해하는 일에 있어서 얼마나 보잘것없는 존재인지를 보여주고 있다.

그 다음에 요한이 소개되고 있다. 다른 많은 사람들 중에서 세례 요한이 선택된 이유는, 내가 믿기론 이렇다. 세례 요한은 주 예수님 바로 앞에 있는 선두주자였다. 만일 그렇지 않다면 그의 이름은 여기서 거론되지 않았을 것이다. 왜냐하면 요한은 해에서 나오는, 즉 금방 나타나실 주 예수님에게서 발산되는 빛으로, 달과 같은 존재였다. 요한의 광채는 단지 파생된 빛이었고, 여기서 소개되고 있는 이유는 그가 가진 독특성 때문이었다. 다른 선지자들은 그리스도에게서 너무 멀리 있었지만, 요한은 메시아의 즉각적인 출현을 알리는 선봉장이 될 만큼 가까이 있었다. "하나님께로부터 보내심을 받은 사람이 있으니 그의 이름은 요한이라 그가 증언하러 왔으니 곧 빛에 대하여 증언하고 모든 사람이 자기로 말미암아 믿게 하려 함이라"(요 1:6,7) 이것은 율법을 시험하고 입증하는 문제가 아니다. 이 모든 것은 제 자리에 있는 것만으로도 매우 중요한 사안이다. 율법이 가지고 있는 영광은 더 광명한 영광에 의해서 완전히 퇴색되었다. 그러므로 성경은, 참으로 고통스럽게도, 요한에 대해서 "그는 이 빛이 아니요 이 빛에 대하여 증언하러 온 자라"(요 1:8)고 말하고 있다. "요한은 켜서 비추이는 등불"(요 5:35)이었고, 다만 일시적으로 빛나는 파생된 빛이었다. "그는 이 빛이 아니요 이 빛에 대하여 증언하러 온 자라 참 빛 곧 세상에 와서 각 사람에게 비추는 빛이 있었나니"(요 1:8,9) 바로 예수님이 빛이셨다. 예수님은 세상에 와서 모든 사람을 비추는 참 빛이셨다. 이것은 그리스도께서 세상에 오신 효과를 말하는 것이다. 그리스도께서 세상에 오셨을 때, 그는 이 세상에 있는 모든 사람에게 자신의 빛을 비추신 유일한 분이셨다. 사도행전 17장에서 말한 것처럼, 하나님이 사람들의 무지에 대해 간과하신 때가 있었다. 하지만 이제는 모든 것이 자신의 빛을, 아니 자신의 어둠을 드러내야만 한다. 왜냐하면 참 빛이 오셨기 때문이다. 그러므로 그리스도께서 세상에 오셨을 때 그분은 모든 사람을 비추는 빛이셨다. 모든 사람은 자신의 있는 모습 그대로 나와야 하며, 어느 누구도 피할 수 없다. "그가 세상에 계셨으며 세상은 그로 말미암아 지은 바 되었으되"(요 1:10) 이 어둠이 가지고 있는 참으로 두려운 결과는 "세상이 그를 알지 못하였고 자기 땅에 오매 자기 백성이 영접하지 아니하였[다]"(요 1:10,11)는 것이다.

98

세상은 충분히 유죄이다. 자기 주님을 알아보지 못할 정도로 어두웠기 때문이다. 유대인들은 주님을 알아볼 만큼 충분한 진리의 지식이 있었지만, 그들의 마음은 하나님의 아들을 대적하는 일에 고착될 만큼 삐뚤어져 있었고, 불쌍한 이방인들보다 더 심했다.

"자기 땅에 오매 자기 백성이 영접하지 아니하였으나 영접하는 자 곧 그 이름을 믿는 자들에게는 하나님의 자녀가 되는 권세를 주셨으니 이는 혈통으로나 육정으로나 사람의 뜻으로 나지 아니하고 오직 하나님께로부터 난 자들이니라"(요 1:11-13) 이 얼마나 복된 권세인가! 하나님의 자녀가 되는 권세를 얻는 것, 이것이 바로 하나님의 이름으로 은혜가 우리에게 부여해준 자리라는 것을 아는 것은 얼마나 복된 일인가! 하나님의 자녀가 된 우리는 모든 피조물로 하여금 주님을 알도록 하는 일에, 주님이 우리에게 주신 능력을 따라 우리 마음을 다하고, 성령님이 존귀하게 해드리기를 바라시는 주 예수님을 가능한 모든 방법으로 존귀하게 해드려야 하리라!

이제 우리는 그리스도에게서 나타난 다른 영광들을 소유하고 있다. 우리는 그리스도를 아들로, 하나님의 어린 양으로, 성령으로 세례를 주시는 분으로, 이스라엘의 임금으로, 그리고 인자로 알고 있다. 이 모든 영광스러운 이름들이 차례로 우리에게 소개되고 있다. 우리는 우리 주님이 가지신 영광 가운데, 왜 여기에서는 제사장이나 교회의 머리로서 소개되고 있지 않은지에 대해서 말하기는 어렵다. 사실 사도 요한은 예수님의 제사장직에 대해서는 아무 말도 하지 않는다. 요한일서에서 주님을 아버지 앞에 있는 대언자로서 소개하는 것 외엔 함구하고 있는 것이다. 사도 요한의 임무는 그리스도께서, 이 땅에 있는 사람으로서도, 가지고 계신 신성한 위격의 영광을 밝히는 것이었다. 사실 제사장은 그리스도께서 하늘에서 수행하실 직분이었다. 교회의 머리로서 그리스도는 또한 하늘에 계신다. 이제 사도 요한은 하늘에서 오신 그리스도의 참 모습 뿐만 아니라 사람이 되셨지만 그럼에도 그분의 영광은 조금도 잃어버리지 않았음을 우리에게 보여주고 있다. 그리스도께서 제사장과 교회의 머리되시는 것은, 장차 하늘에 올라가심으로써 받게 되는 특별한 영광이었다. 이 부분은 사도 바울의 글에서 전개되고 있다. 요한의 포인트는 하나님이 예수 그리스도의 위격 안에서 이 땅에 임하셨다는 것이다.

| 1장 요약 |

요한복음을 이해하는 가장 중요한 열쇠는 요한복음 1장에 있다. 요한복음 1장의 목적은 예수님의 위격(또는 신성)이 가지고 있는 영광을 보여주는 것이다. 그리스도는 모든 창조물이 시작되기도 전에 말씀으로 존재했던 하나님이시다. 그리스도는 단순히 하나님 안에 있었던 것도 아니며, 하나님 안에 합병되거나 흡수된 상태로 있었던 것이 아니라, 독립적이고 인격적이며 또한 자존적인 존재로 계셨다.

주 예수님 안에 생명이 있었다. 주 예수님은 이전에는 존재하지 않았던 모든 것들에게 생명을 불어 넣어주실 수 있었을 뿐만 아니라, 영원 전부터 자신에게만 속해 있는 생명도 가지고 있었다. 이 생명은 창조되지 않았으며, 따라서 이 생명은 본질상 신성에 속한 것이었다.

주 예수님이 자신의 창조세계에 오신 것은 이 생명을 주심으로써 하나님의 자녀가 되는 권세를 주시기 위함이다. 하지만 이 세상 사람들은 영적 도덕적 어두움 속에 갇혀 있다. 성령님은 예수 그리스도를 하나님의 아들로, 만물을 창조하신 창조주로, 세상 죄를 지고 가는 하나님의 어린 양으로, 성령으로 세례를 주시는 분으로, 이스라엘의 임금으로, 그리고 인자로 계시하신다. 이제 누구라도 예수께서 하나님의 아들 그리스도이심을 믿고, 영접하는 사람은 생명(영생)을 얻는다.

Chapter 2
요한복음 1장 29-34절
그리스도의 승천의 결과로 이 땅에 오신 성령의 임재
The Presence of the Holy Ghost on Earth consequent on Christ's Exaltation to the Right hand of God

100

요한복음 1장은 서로 연관성은 없지만 그리스도가 가진 다양한 직분과 이름들을 놀랄 만큼 다양하게 제시해준다. 하지만 여기서 그리스도께서 교회의 머리라든지 제사장으로는 소개되고 있지는 않다. 다만 우리는 아버지의 독생자, 아버지를 계시하는 하나님의 아들, 이스라엘의 임금, 하나님의 어린양, 생명, 빛, 말씀, 창조주, 인자, 그리고 성령으로 세례를 주는 이이신 그리스도를 보게 된다. 이 모든 이름들은 그리스도의 위격을 말해준다. 추상적인 방식으로 우리는 그리스도의 본성에 속한 그리스도의 인격성, 빛, 생명이 무엇인지를 보게 된다. 하지만 그리스도에 대한 증거의 결과로, 요한은 "빛이 어두움에 비취되 어두움이 깨닫지 못하더라"는 말로 그리스도를 거절한 인간의 상태를 드러내고 있다.

다른 세 개의 복음서는 그리스도를 영접하도록 사람들에게 제시되었지만 결국 그리스도를 거절하는 것으로 끝난다. 하지만 요한복음은 처음부터 그리스도를 거절하는 것으로 시작한다. "그가 세상에 계셨으며 세상은 그로 말미암아 지은 바 되었으되 세상이 그를 알지 못하였고 자기 땅에 오매 자기 백성이 영접지 아니하였으나"(요 1:10-11) 그렇다면 여기서 우리는 은혜가 무슨 작용을 하며, 또 은혜의 목적이 무엇인지를 보게 된다. 창조 이전 그리스도에 대한 추상적인 진술이 마치고 성령의 증거가 제시되고 있는데, 그리스도가 어떤 분이셨는가에 대한 것이 아니라 그리스도가 어떤 분이 되셨는가에 대한 것이다. "말씀이 육신이 되어 우리 가운데 거하시매"(요 1:14) 여기에 성육신을 통한 그리스도의 위격이 나타나고 있는데, 추상적으로 그리스도께서 어떤 분이셨는가에 대한 것이 아니라 "육신이 되었다"는 것이 무엇인가에 대한 것이다. 그렇다면 우리는 이제 전개될 그리스도의 사역을 알게 된다. 따라서 우리는 그리스도께서 근본적으로 누구신가에 대한 그리스도의 위격성과 그리스도의 본성에 대한 지식을 가지게 되며, 또한 그리스도께서 육신이 되신 것과 말씀의 성육신으로 말미암아 이제 아버지를 계시하시는 그리스도의 사역에 대한 지식을 가지게 된다. "본래 하나님을 본 사람이 없으되 아버지 품속에 있는 독생하신 하나님이 나타내셨느니라"(요 1:18) 이제 우리는 그리스도의 충만한데서 흘러나오는 은혜 위에 은혜를 받을 수 있게 되었다. **그리스도는 모든 신령한 복의 원천이시며, 또한 그리스도는 은혜의 충만이시다.** "우리가 다 그의 충만한 데서 받으니 은혜 위에 은혜러라"(요 1:16) 이 여러 구절들을 통해서 우리는 요한복음의 시작점이 은혜의 역사에 있음을 알게 된다.

101

은혜의 역사에는 두 부분이 있다. 두 번째 부분에 대해서 먼저 살펴보자. 사실 첫 번째 부분은 하나님의 어린양으로서 그리스도이시며, 두 번째 부분은 성령으로 세례를 주는 분이신 그리스도이시다. 그렇다고 그리스도께서 자신의 제사장 직분을 행사하지 않는다는 것은 아니다. 그리스도는 분명 제사장 직분을 행하신다. 여기서는 이 부분을 다루지는 않겠다. 다만 그리스도께서 제사장이심을 기억하는 것이 중요하기 때문에 여기서 잠시 언급하는 바이다. 여기서 그리스도는 하나님의 어린양이시며, 또한 성령으로 세례를 주시는 분이시다.

그리스도께서 성령으로 세례를 주시는 분이라는 것은 너무도 경이로운 표현이며, 하나님과 우리 사이를 연결하여 관계를 맺어주는 능력이 무엇인지를 암시해주고 있다. 게다가 이것은 그리스도께서 하나님의 어린양이라는 진리를 결코 약화시키지 않는다. 그렇다. 우리는 그 진리 위에 서있다. 그리스도는 창세기 22장 8절, "어린양은 하나님이 자기를 위하여 친히 준비하시리라"는 구절의 성취이다. 그러므로 하나님이 친히 준비하신 어린양은 모든 점에서 합당해야 하며, 하나님의 마음에 작정하신 일을 이루는데 모든 조건을 갖추어야 한다. 하나님의 아들이 바로 하나님의 어린양이시다. 첫째 사람 아담이 죄를 세상에 들여온 것처럼, 둘째 사람은 그리스도는 그 죄를 세상에서 제거해야 한다. 그리스도를 거절한 사람들은, 그리스도께서 말씀하신 대로, 자기 죄 가운데서 죽을 것이다. 하지만 그리스도는 세상 죄를 지고 가심으로써 죄를 제거하신 유일한 분이시다. 이제 의가 거하는 새 하늘과 새 땅이 도래할 것이다. 따라서 그때에는 세상 죄가 제거되었으므로 세상은 의로 충만해질 것이다. 희생제사가 드려졌고, 어린양이 죽임을 당했다. 하지만 그 결과로 하나님은 자기 앞에 새 하늘과 새 땅을 얻으셨다. 새 하늘과 새 땅에는 죄의 흔적(an atom of sin)이 조금도 없을 것이며, 의(義)만 거할 것이다.

하나님은 무죄한 세상, 낙원을 주셨다. 하지만 낙원은 잠시 뿐 죄악으로 가득한 세상으로 변했다. 은혜는 그때나 지금이나 역사하고 있다. 하지만 우리는 장차 무죄한 세상도 아니고 죄악된 세상도 아니라, 의로운 세상에 살게 될 것이다. 의가 거하는 그 세상은 결코 그 가치를 잃을 수 없는 기초 위에 세워질 것이며, 그 기초는 결코 흔들 수 없다. 그 기초란 바로 하나님의 새로운 창조라는 흔들리지 않는 견고한 토대이다. 그러므로 새 창조에 터잡고 있는 축복은 결코 흔들리지 않는다. 바로 거기에 하나님의 모든 섭리가 녹아져 있기 때문이다. 바로 주 예수 그리스도의 사역의 결과이기 때문이다. 처음 세상은 축복 속에 창조되었기에 창조 세계의 머리되신 창조주의 책임에 의지하고 있었다. 반면 마지막 세상은 그리스도의 완성된 사역의 결과로, 하나님이 온전히 영광을 받으심으로써 온전하게 된 구속주의 완전성의 가치에 의지하고 있다. 새로운 창조의 기초는 완벽하고도 절대적으로 완성된 것에 터를 잡고 있다.

새 하늘과 새 땅의 안전성을 보장해주는 근거가 되는 사역은 완성되었다. 그 목적을 성취하기 위해 이 세상에 오셨던 그리스도는 다 이루시고, 이제는 하나님의 보좌 우편에 앉아 계시면서, 자기 원수들로 발등상 삼기까지 거기에 앉아 계신다. 그 위대한 구속의 역사는 완성되었다. 거기에 무엇을 더할 수도 없고, 그 효력을 약화시킬 수 있는 것은 아무 것도 없다. 참으로 복된 결과가 도래했다. 그 역사는 이루어졌다. (하늘나라에 들어가는데 문제가 되었던) 모든 도덕적인 문제들이 십자가에서 다 해결되었으며, 하나님을 대적하도록 충동했던 죄도 해결되었다. 하나님 아버지를 향한 완전한 사랑과 사람으로서 하나님을 향한 순종, 그리고 죄에 대항하는 의로움과 죄인들을 향한 사랑, 이 모든 것들이 경이로운 십자가 사역을 통해서 나타났다. **십자가가 아니면, 공의와 사랑, 사랑과 하나님의 엄위하심, 죄의 삯을 요구하시는 하나님의 엄중함과 죄를 용서하시는 하나님의 선하심 등 이 모든 것들을 조화시킬 수 있는 방법은 없다.**

102
　아담과 하와가 선악과 열매를 먹음으로써 쫓겨난 것이라면, 그것은 의의 문제가 생긴 것이고, 거기에 사랑은 없는 것이다. 반대로 모든 죄가 그저 간과된다고 생각해보자. 흔히 사람들은 그것을 좋다고 생각할 것이다. 거듭난 일이 없는 자연인은 그것이 매우 옳은 것이며, 그것을 사랑이라고 부를 것이다. 그렇다면 죄는 더 이상 문제가 되지 않을 것이고, 의는 설 자리가 없게 된다. 그렇다면 하나님의 공의와 위엄은 사람들의 발에 짓밟힐 것이며 사단은 사람들의 영혼을 노략질 하는데 성공할 것이다. 거기엔 하나님의 사랑과 하나님의 공의와 위엄을 조화시킬 수 있는 방법이 아예 없게 된다.

십자가에 이른 순간, 모든 것이 해결된다. 하나님은 "많은 아들들을 이끌어 영광에 들어가게 하시려고 고난들을 통하여 그들의 구원의 창시자를 온전하게"(히 2:10) 하셨다. 이 모든 일의 주체는 하나님이시다. 하나님의 위엄이 그처럼 최상의 방법을 통해서 유지되었다. 이러한 이유 때문에 아들이 고난을 받으셨다. 나는 여기서 죄에 대하여는 완전한 의가 보장되면서, 동시에 나와 같이 가련하고 무가치한 죄인에게 무한한 사랑이 쏟아 부어지는 것을 본다. 여기서 나는 인자께서 하나님을 영화롭게 해드리고, 하나님은 인자를 영화롭게 한 것과 하나님 앞에서 그분의 본성을 거슬리는 (우리의) 모든 도덕적인 문제들이 영원히 해결되는 것을 본다. 모든 것이 하나님의 본성에 합당하게, 그리고 하나님을 위해서 완벽하게 해결되었다. 그렇게 모든 문제가 하나님과 그리스도 사이에서 해결되었고, 완전성에 부합하게 온전히 해결되었다. 나 자신을 생각하면서 십자가를 바라보면, 나는 다만 내가 지은 죄들과 그리스도를 십자가에 못박은 증오로만 십자가에 참여했음을 보게 된다. 내가 만일 나의 자리에서 겸손하다면, 여기에 얼마나 놀라운 신성한 지혜가 개입되었으며, 또한 나에게 무한한 사랑이 부어질 수 있도록 해준 위대한 역사의 공의로운 기초를 보게 될 것이다. 무엇보다 나 자신을 정확하게 보게 해준다. 십자가만큼 악의 실제 모습이 무엇이며, 또한 악이 충만했을 때의 결과가 무엇인지를 보여주는 것은 없다. 사람들로 하여금 십자가를 바라보게 하라. 그리하여 악의 충만하고도 최종적인 역사와 하나님의 선하심의 충만하고도 최종적인 역사의 충돌이 어떤 결과를 내었는지를 말하게 하라.

103

현재 세상의 모습과 상태를 바라볼 때, 십자가의 효과는 전혀 없는 것처럼 보인다. 일반적으로 세상의 상태를 바라보면 아무 것도 바뀐 것이 없다. 그리스도는 친히 우리의 죄를 정결케 하신 후에 하늘에 올라가셨다. 세상의 상태는, 다만 많은 영혼들이 구원받은 것 외에는, 사실 아무 것도 변한 것이 없다. 오히려 우리는 악의 새로운 형태에 직면해 있다. 이러한 사랑과 의에 대한 부정만이 있을 뿐이다. 세상의 상태는, 그리스도를 거절한 것을 제외하면, 항상 같은 모습으로 남아 있다. 죄는 세상에서 제거되어 사라진 것이 아니다. 사람들은 죄를 묶고 억제하려고 노력한다. 쇠사슬과 족쇄를 가지고 묶어둘 수 있을 것처럼 행동한다. 사람들은 최선을 다하고자 하지만 늘 실패한다. 그들은 진보 또는 진척(progress)에 대해서 논하며, 어떤 식으로든 물리학의 발견과 생활의 편이를 도모한다. 하지만 도덕성은 어떠한가? 자녀들에서 순종의 진척이 있는가? 종들에게서 헌신의 숙성이 나타나고 있는가? 인간관계 속에서 서로에 대한 충성이 가속화되고 있는가? 나는 이 모든 것 속에서 이전보다 더욱 심각한 도덕성의 퇴보를 보고 있다.

철도나 전화 통신 분야에는 분명 진보가 있다. 하지만 안타깝게도 하나님과 인간의 관계 또는 이웃과의 관계에서는 아무런 진보를 찾아 볼 수 없다. 영민함(cleverness)은 도덕적인 상태와는 아무 상관이 없다. 당신은 통신 분야나 과학 분야에서 매우 영민한 사람을 찾을 수 있다. 하지만 그처럼 영민한 사람이 하나님을 모독하는 사람일 수 있고, 반대로 하나님과 가까이 동행하는 사람일수도 있다. 영민함과 도덕성은 아무 관계가 없다. 결국 당신은 죽게 될 것인데 세상에 가장 발전된 통신수단이 있건 없건 그것이 당신에게 무슨 유익을 준단 말인가? 영혼의 상태는 다른 영역에 속한 것이다. 영혼의 상태는 당신의 의지와 정욕의 작용에 반응하면서, 선과 악을 하나의 초점으로 모은다. 결국 당신의 영혼은 십자가로 이끌리게 된다. 십자가를 통해서 하나님은 은혜와 의(義)를 계시하신다. 우리의 죄는 완전히 해결되었을 뿐만 아니라 하나님이 온전히 영광을 받으셨다. 그리스도의 십자가 사역은 모두 이루어졌으며, 십자가에서 완성되었다. 공의가 이루어졌기에, 하나님도 의로우시며, 또한 그리스도를 자신의 구주와 주님으로 믿는 자는 누구나 의롭다고 하신다. 이제 그리스도는 자신의 큰 능력으로 통치하시는 그 날이 오기까지 하나님의 우편에 앉아계신다. 주 예수 그리스도께서 다시 오실 때 그리스도는 모든 대적을 자기 발로 밟으실 것이며, 새 하늘과 새 땅을 신령한 복으로 가득하게 하실 것이다.

이제 두 번째 사안을 살펴보자. 두 번째 사안은 이 모든 일을 이루기 위해서 그리스도는 사람이 되셨고, 십자가에 죽으셨다가 죽은 자 가운데서 살아나셨으며, 그 결과 하나님께로 올라가셨고, 이제는 성령님이 강림하셨다는 것이다. 이 땅에 성령님이 내려오신 것은 그리스도께서 하나님 보좌 우편에서 높임을 받으셨기 때문이다. 이 세상에 성령님의 임재는 성령님을 마음에 모신 사람들을 하늘에 계신 그리스도와 연합 속으로, 연합의 관계 속으로 넣어준다. 그렇다면 당신은 참으로 위대한 진리, 즉 하나님이 지금도 이 땅에 있는 자기 백성들 가운데 거하신다는 진리를 가슴에 품은 것이다. 이것은 참으로 엄청난 진리이다. 구속의 역사가 완성되기 전까지 이런 일은 있을 수 없었다. 하나님은 무죄했던 아담, 또는 아브라함을 방문하기 위해서 종종 이 땅에 내려오셨지만, 그렇다고 아담 속에 거하지는 않으셨다. 이스라엘이 애굽에서 구속을 받은 즉시, 하나님은 "내가 이스라엘 자손 중에 거하여 그들의 하나님이 되리니 그들은 내가 그들의 하나님 여호와로서 그들 중에 거하려고 그들을 애굽 땅에서 인도하여 낸 줄을 알리라 나는 그들의 하나님 여호와니라"(출 29:45,46)고 말씀하셨다. 이 모든 것은 우리의 교훈을 위해서 기록되었다. 하나님은 속죄소 또는 시은소 위에 있는 그룹(케루빔)들 사이에 거하시면서 성막의 쉐키나 영광 가득한 속에서 자신을 나타내셨다.

104

하지만 이제 성령님이 내려 오셨다. 성령님은 신자 개인 속에 거하시며 또한 살아계신 하나님의 성전인 하나님의 교회 가운데 거하신다. 이 모든 것의 결과는 내게 완성된 사역의 총체적인 가치를 볼 수 있게 해주었다. 즉 나는 내 속에 거하시는 성령님을 통해서 지금 그리스도께서 계신 그대로, 완전하고도 전적인 그리스도와의 연합을 이루고 있다는 것이다. 따라서 나는 하나님의 영광을 바라고 즐거워한다. 그 영광의 날이 도래하기 전까지 하나님은 그리스도를 믿는 사람들 속에 이미 거하고 계시는 것이다. 이것이 어떻게 이루어지는지 주목해보자. 그리스도는 성령으로 기름부음을 받으셨다. "나도 그를 알지 못하였으나 나를 보내어 물로 세례를 주라 하신 그이가 나에게 말씀하시되 성령이 내려서 누구 위에든지 머무는 것을 보거든 그가 곧 성령으로 세례를 베푸는 이인 줄 알라 하셨기에"(요 1:33) 여기서 그리스도는 세례를 받으셨다기 보다는, 성령으로 기름부음을 받으셨고 또 인침을 받으신 것이다. 오순절 신자들이 성령으로 세례를 받기 이전, 그리스도는 이미 기름부음을 받으시고 인침을 받으셨다. 여기서 그리스도는 사람으로서 이 자리를 취하심으로써 모든 그리스도인이 따라야 할 본을 세우신다. 아들로서, 이 땅에 살아가는 사람으로서, 그리스도께서 우리를 구속에 의해서 이끌어 들이시는 자리는 바로 자신이 아버지와 함께 하는 관계의 자리이며, 그리스도는 우리로 하여금 그 관계 속으로 들어가도록 이끄신다.

그리스도는 영원히 사시는가? 그렇다. 영원히 사시는 그리스도께서 우리 생명이시다. 그리스도는 의로우신가? 의로우신 그리스도가 나의 의(義)로움이시다. 이 모든 결과가 아직 가시적으로 나타나고 있지는 않지만, 우리는 그리스도께서 이루신 사역에 대한 확실한 지식을 가지고 있으며 장차 나타날 영광을 소망하면서 기뻐한다. 하늘이 열리고 성령님이 비둘기처럼 내려오셨다. 그리고 그리스도는 우리 가운데서 이 자리를 취하심으로써, 사람들 가운데 하나님의 아들로서, 하나님이 은혜를 통해서 그리스도를 믿는 모든 사람들에게 제시하시는 자리에 서신 것이다. 잠언 8장 30-31절은 "내가 그 곁에 있어서 창조자가 되어 날마다 그의 기뻐하신 바가 되었으며 항상 그 앞에서 즐거워하였으며 사람이 거처할 땅에서 즐거워하며 인자들을 기뻐하였느니라"고 말한다. 이 구절은 인류의 창조에 대한 성자 하나님의 기쁨을 노래하고 있다. 마찬가지로 누가복음에 보면 주 예수 그리스도께서 사람으로 태어나셨을 때, 또는 말씀이 육신이 되셨을 때, 우리는 천사들이 인류를 향한 하나님의 기뻐하심을 찬양하는 것을 볼 수 있다. 이것은 얼마나 아름다운 찬송인가! 조금도 질투 없는 마음이며, 하나님의 영광을 바라고 기뻐하며, 다른 사람들에게 축복을 전하는 노래인 것이다. "지극히 높은 곳에서는 하나님께 영광이요 땅에서는 하나님이 기뻐하신 사람들 중에 평화로다"(눅 2:14)

105

나는 결과의 성취에 대한 것 보다는, 사실 자체에 대해서 말하고 싶다. 이에 대한 현재적인 효력은 평강이 아닌 분열이다. 하지만 하나님의 백성들이 말씀에 순종하기 위해서 바른 길을 향해 한발자국을 내딛을 때, 하나님은 그들과 함께 하시며, 그들은 진실로 죄를 고백하면서, 하나님은 의를 이루신다. 따라서 그리스도께서 세례를 받으신 것을 통해서, 사람으로 오사 공개적으로 완전한 순종을 보이심으로써, 순종의 문에 들어서신, 참으로 찬송 받으실 주님을 뵙게 된다. 그 결과로, 주님은 비둘기 같은 모습으로 강림하신 성령을 받으신 것이다. 그리스도는 어떻게 성령을 받으실 수 있었는가? 바로 그리스도는 그 자체로 의로우신 분이셨기 때문이다. 반면 우리는 그리스도의 사역을 통해서 의로워졌다. 그리스도는 기름부음을 받으셨고, 동시에 인침을 받으셨다. 우리는 그리스도께서 자신의 사역을 성령님께 돌리는 것을 보게 된다. "그러나 내가 하나님의 성령을 힘입어 귀신을 쫓아내는 것이면"(마 12:28) 이런 방식으로 삼위일체에 대한 계시가 우리 앞에 소개되는 것을 생각할 때, 참으로 놀랍다. 아들은 땅에서 아버지께서 하라고 하신 일을 이루시면서, 또 성령을 힘입어 귀신들을 쫓아내신다. 아버지는 그 아들 안에 거하시면서, 아들은 아버지와의 사귐 속에서 사역을 감당하신다. 그리스도의 사역은 삼위일체 하나님이, 하나님의 아들께서 사람 되심으로써 구체적으로 나타난 사람에 대한 목적과 구체적으로 무슨 연결고리가 있는지를 보여준다. 이것이 처음으로, 구체적으로 계시된 것은 마태복음 3장이다. 아들이신 그리스도가 땅에 있고, 성령님은 그리스도 위에 임하여 있으며, 아버지는 하늘에서 그리스도를 기뻐하고 있다. 아버지는 그리스도를 땅에 있는 한 사람으로, 또한 아들로 소유하신 것이다. 이렇게 그리스도는 영원하신 성령으로 말미암아 흠 없는 자기를 하나님께 드리셨다. 이에 대해 베드로는 "하나님이 나사렛 예수에게 성령과 능력을 기름"(행 10:38)부으셨다고 말했다.

이 모든 것을 통해서 나는, 모든 것의 주재이신 하나님이신 그리스도께서, 영원히 찬송 받으시옵소서!, 주권적인 은혜 가운데서 사람의 자리를 차지하셨다는 것에 주목하고 싶다. 이것은 우리를 모든 복으로 인도하기 위한, 참으로 위대한 예비적인 절차였다. 성령님이 그리스도에게 임하셨고 거처를 정하셨으며, 이제 그리스도는 성령으로 세례를 베푸시는 분으로 소개된다. 사실 성령을 받기 위해선 먼저 우리는 피로써 뿌림을 받아야만 한다. 그리스도는 성령을 사람에게 주시려면, 먼저 영광을 받으셔야만 했다. 따라서 우리는 그리스도께서 하나님 우편으로 높임을 받으셨고, 아버지의 약속하신 성령을 받으셨기에, (오순절에) 성령을 부어주신 것을 볼 수 있다. 하지만 여기서 우리는 그리스도께서 이 모든 것을 이루시기 위한 길에 들어서는 것과 자신을 경건한 남은 자들과 연합시키고, 구속의 역사를 통해서 다른 사람들에게 하나님의 신령한 모든 복을 주시는 통로가 기꺼이 되고자 하시는 것을 보게 된다. 이러한 목적으로 그리스도는 사람으로서 기름부음을 받으셨고, 또 성령으로 세례를 받으셨다. 우리는 그 결과의 완전한 성취가 이루어지기도 전에, 그리스도 안에서 이미 우리의 것이 된 모든 신령한 복을 인지하는 복된 자리로 들어왔다. 우리는 그리스도 사역의 결과들이 실제적으로 또는 외적으로 구현되기도 전에, 어린양이신 그리스도께서 성취하신 결과를 (그리스도께서 누리시는 것과) 동일한 복된 자리와 관계 속으로 들어왔다.

106

우리는 아직 영광에 들어가지 못했지만, 그리스도는 사람으로서 영광에 먼저 들어가셨고 영광을 받으셨다. 따라서 나는 하나의 목적을 가지게 되었다. 내가 장차 그리스도와 더불어 영광을 얻는다는 생각에 마음의 안식을 얻는다. 사실 나 자신을 통해서는 안식을 얻을 수 없다. 나는 세상을 바라보며, 세상이 주는 것을 얻고자 애써본다. 하지만 그리스도는 "네가 근심하고 있느냐?"고 물으신다. "네 그렇습니다." "그렇다면, 내게로 오라. 네가 쉼을 얻을 것이다."라고 말씀하신다. 마음에 안식을 주는 것이 있다. 당신은 걱정하고, 또 설명조차 할 수 없는 무거운 짐을 지고 있을 수 있다. 정말 그러한가? 그리스도께서 참된 안식이시다. 하나님은 그리스도 안에서 참된 안식을 찾으셨다. 다른 곳에서는 결코 찾을 수 없다. 심지어 하나님은, 그리스도가 오시기 전까지, 자신의 사랑의 발현 속에서도 안식할 수 없으셨다. 하나님은 수세대 동안 사랑을 나타내셨지만, 거기에서 안식을 찾을 수 없으셨다. 하지만 비로소 그리스도 안에서 하나님은 안식을 찾으셨다. 여기서 나는 하나님의 복된 본성에 무슨 문제가 있는 것처럼 말하는 것이 아니다. 이 세상 어느 곳에서도 하나님은 안식하실 수 없었다는 점을 강조하는 것이다. 과연 나 같이 가련하고 불쌍한 피조물, 비천한 죄인에게서 하나님이 안식을 발견할 수 있을까? "나의 행한 모든 일을 내게 말한 사람을 와서 보라 이는 내 영혼의 안식처가 되실 수 있는 분이 아니냐? 이는 그가 모든 것을 아시며 또 그가 행한 모든 일은 완전한 사랑과 완전한 은혜가 아니냐?" 다른 데서 더 이상 헤맬 필요가 없다. 바로 그리스도께서 완전한 안식을 주시는 분이시다. 하나님이 그리스도에게서 안식을 찾으신 것처럼, 나도 그리스도 안에서 안식을 찾았다. 나는 사랑으로 오신 하나님이신 그리스도를 얻었다. **나의 형편과 상황을 보면, 나는 완전한 비참함과 죄악성을 본다. 동시에 나는 나의 모든 죄악성과 비참함을 완전히 그리고 영원히 제거하신 하나님의 어린양을 본다.** 따라서 그리스도로 말미암아 나는 하나님을 알게 되었다. 매우 기쁘게도 하나님은 나의 모든 것을 아신다. 모든 비밀은 그리스도께서 행하신 일에 있다. 이제 나는 하나님의 임재 가운데서 나의 가장 깊은 내적인 부분 속에 진리를 가지고 있다. 예수님께서 바리새인의 집에 들어가 앉으셨을 때, 향유 옥합을 가지고 나아온 죄인이었던 여인을 예로 들어보자. 바리새인은 "이 사람이 만일 선지자더면 자기를 만지는 이 여자가 누구며 어떠한 자 곧 죄인인 줄을 알았으리라"(눅 7:39)고 속으로 생각하면서, "예수님은 선지자가 아니다."라고 결론을 내렸다. 하지만 그리스도는 시몬의 마음 속에서 일어나는 모든 일을 아시고 또 말씀하심으로써 자신이 선지자임을 나타내셨다. 이는 그리스도께서 모든 것을 다 아셨기 때문이다. 시몬이 모르는 것이 있었다. 바로 죄인을 향한 하나님의 완전한 은혜이다. 그래서 그리스도는 한 불쌍한 여인의 경우를 통해서 하나님의 은혜를 나타내셨다. "네 죄사함을 받았느니라"(눅 7:48), "네 믿음이 너를 구원하였으니 평안히 가라"(눅 7:50)

107

우리는 그리스도 안에서 아버지가 어떤 분이신가에 대한 실제적인 선언을 가지고 있다. 하나님의 사랑은 의(義)를 공고히 세우신 역사를 통해서 나타났다. 나는 하나님의 완전한 사랑을 발견했고, 양심에서 아무 거리낌 없이 정직하게 말하지만, 마음으로 그 사랑을 경험했다. 이것은 세상 그 어느 곳에서도 발견할 수 없는 것이었다. 내 마음을 바닥까지 살펴보아도 나를 이렇게까지 완전하게 사랑한 사람은 없었다. 나에게 그처럼 완벽한 사랑을 베푼 사람도 없었다. 하지만 나는 이제 그리스도 안에 있는 모든 것을 소유하고 있다. 나는 이처럼 복된 사람, 완전하고 죄없는 사람, 성령으로 인치심을 받으신 그리스도를 발견했다. 이로써 나는 그리스도께서 오신 목적을 새롭게 이해하게 되었다. 즉 그리스도께서 이루신 역사를 통해서 나로 하여금 성령으로 인침을 받게 하신 것이다.

만일 천사가 하나님을 보고자 한다면, 그는 먼저 사람이신 그리스도를 보아야 한다. "하나님이 육신으로 나타난 바 되시고 영으로 의롭다 하심을 받으시고 천사들에게 보이시고 만국에서 전파되시고 세상에서 믿음 바 되시고 영광 가운데서 올려지셨느니라"(딤전 3:16) 그렇다면 우리를 향한 이 모든 선함과 더불어 사람이신 그리스도, 죄의 자리에서 하나님을 온전하게 영광스럽게 해드린 그리스도께서 들어가신 곳은 어디인가? 그곳은 영광의 자리이다. 그리스도는 그렇게 사람에게 사랑으로 나타나신 하나님이셨다. 따라서 만일 당신이 그러한 사실이 가지고 있는 복됨의 실제를 누리고자 한다면, 하나님이 하실 것이라는 마음의 확신을 가져야 한다.

모든 죄는 하나님을 믿는 확신을 잃어버리는데서 시작된다. 마귀는 이브에게 "하나님이 참으로 너희에게 동산 모든 나무의 열매를 먹지 말라 하시더냐?…너희가 그것을 먹는 날에는 너희 눈이 밝아져 하나님과 같이 [될 줄]… 하나님이 아심이니라" 마귀의 거짓말을 받아들임으로써, 하나님에 대한 확신을 잃어버렸다. 만일 하나님이 나를 행복하게 만드실 줄 믿지 않는다면, 나는 나 스스로 행복하고자 애쓰게 될 것이다. 그렇다면 온갖 정욕과 죄과 허물과 파멸에 빠지게 된다. 하지만 그리스도께서 내가 죄인으로 있는 이 세상에 오셨다. 그리스도 안에서 나는 하나님을 향한 내 마음의 확신을 회복할 수 있었다. 나의 허물을 숨김으로써 그렇게 한 것이 아니라, 세상 죄를 지고 가는 하나님의 어린양이신 그리스도를 믿음으로써 나의 모든 허물과 죄들을 완전히 제거함으로써 그렇게 했다. 내 마음의 확신은 회복되었고, 이제는 하나님을 온전히 신뢰할 수 있게 되었다. 게다가 나보다 나를 더 잘 아시는 하나님의 마음을 알게 되었다. 이제 나는 조금도 내 마음을 신뢰하지 않는다. 그것을 시험해보라. 나는 형제들을 사랑한다고 말할 수 있다. 하지만 때때로 나는 형제들을 향해 냉담해지곤 한다. 나는 이중적인 마음을 가지고 있다. (물론 고의적으로 그런 것은 아니다. 다만 나도 모르게 그렇게 행동하곤 한다.) 나는 그에 대해 하나님 앞에서 겸손해질 필요가 있다. 그 사실을 부인할 수는 없다. 하나님 안에도 우리와 같은 그러한 것이 있다고 믿는가? 그럴 수 없다. 나는 다만 하나님의 아들을 선물로 주신 하나님의 완전한 사랑을 발견한다. 하나님 안에는 이중적인 마음이 존재하지 않는다. 그렇기 때문에 나는 거기서 안식을 발견한다. "만일 우리 마음이 우리를 책망할 것이 없으면 하나님 앞에서 담대함을 얻[는다]"(요일 3:21)

하지만 이것이 전부가 아니다. 만일 그리스도께서 우리를 향한 사랑으로 나타나신 하나님이시라면, 또한 하나님 앞에서 죄가 되신 사람이시라면, 그렇다면 우리는 하나님의 은혜를 인하여 하나님 안에서 확신을 얻을 수 있다. 당신은 하나님을 향하여 새로운 희망을 가지게 되고 그런 식으로 십자가를 바라보게 될 것이다. 십자가에서 모든 문제가 해결된다. 믿음이 오게 되고, 하나님의 임재 가운데 모든 죄의 문제가 해결된다. 그리스도께서 십자가에서 이루신 사역을 통해서, 그리고 하나님 본성의 영광에 합한 역사를 통해서 죄에 관한 모든 문제가 해결된다. 따라서 이제 나는 죄를 정면으로 바라볼 수 있으며, 그 죄가 이미 심판을 받았음을 발견한다. 이제는 완전한 거룩과 의로움 속에 있는 나를 보게 되며, 또한 하나님의 완전한 사랑이 나를 덮고 있는 것을 보게 된다. 이제 나는 하나님이 빛 가운데 계신 것처럼, 빛 가운데 서 있다. 이 모든 것은 그리스도께서 이루신 공로에 의존하고 있다. 그리스도를 통하여 나는 눈처럼 희게 되었기에 하나님의 존전 앞에 있으며, 사랑하는 자 안에서 열납되었다. 하나님은 그러한 나를 열납하시고도 여전히 의로움에 완전하시다. 이제는 은혜가 의로 말미암아 왕노릇하고 있다.

108

따라서 우리는 이 땅에 나타나신 그리스도의 이중적인 특징을 볼 수 있다. 첫째는 은혜 안에서 우리에게 오신 하나님, 그리고 둘째는 하나님 앞에서 죄가 되신 사람이다. 아버지께서 주신 잔을 받아 마시고, 우리를 위해서 자신의 사역을 완성하심으로써 죄를 제거하셨다. 그리스도의 사역에서 우리가 담당한 유일한 부분은 그리스도를 죽음에 처하게 한 바로 죄였다. 우리가 행한 것은 미움 뿐이었지만, 그리스도는 사랑 안에서 자신을 내어주셨다. 그리고 이 모든 일을 다 이루셨다. 우리의 모든 죄를 도말하기 위해서 자신을 내어주심으로써 승리하신 후 그리스도는 지극히 높은 위엄의 보좌에 앉으셨다. 이 사실에 근거해서 성령님이 내려오셨다. "하나님이 오른손으로 예수를 높이시매 그가 약속하신 성령을 아버지께 받아서 너희가 보고 듣는 이것을 부어 주셨느니라"(행 2:33) 나는 여기서, 나의 모든 죄를 제거한 그리스도의 사역의 덕분에, 나는 깨끗함을 입었고 씻음을 받았으며 의롭다함을 얻었고, 구속함을 얻었을 뿐만 아니라 성령님을 받게 된 것을 볼 수 있었다. 여기서 더 나아가, 그리스도께서 이루신 사역의 혜택을 소유할 수 있게 되었을 뿐만 아니라 그리스도께서 들어가신 자리가 가지고 있는 모든 것을 누릴 수 있게 되었음을 볼 수 있었다. 그리스도는 거기서 나의 분깃을 예비해주셨다. 참으로, 나는 여기서 연약하고, 볼품없는 질그릇에 불과하지만, 하나님께 속한 지극히 큰 능력을 담고 있다. 이 모든 것은 사실이다. 나는 하나님과 친밀한 관계 속에 있다. 나는 자녀이기에, 아버지로부터 가르침을 받아야 한다. 이러한 높은 신분이 때로는 거만한 자녀를 만들기도 하지만, 그래서 아버지로부터 징계를 받기도 한다. 하지만 그럼에도 나는 신의 성품(본성)에 참여한 자녀이다.

이제 내가 말하고자 하는 바는, 이 땅에 강림하신 성령님의 특징에 관한 것이다. 이것은 신약시대 그리스도인의 참된 상태와 연결되어 있다. 그리스도인은 그리스도의 초림과 (그리스도께서 이루신 사역과) 재림 사이에 서 있는 존재이다. 그리스도의 재림과 더불어 그리스도인은 영광 속으로 들어가게 될 것이다. 이 두 사건 사이에서 그리스도인은 성령님을 소유하고 있다. 그리스도인은 그리스도의 사역이 주는 모든 은덕(benefits)을 가지고서, 하나님 앞에 서 있는 놀라운 신분을 얻은 존재이다. 그리스도인은 몸에 대해서 구속을 기다리고 있다. 잠시 동안 이 사실을 묵상해보라.

109

신자들은 구속함을 받았고, 성령님은 신자 속에 거하고자 내려오셨다. 우리는 이에 대한 예표를 잘 알고 있다. 문둥병자가 깨끗함을 받게 되면, 그는 물로 씻고, 피를 뿌린 다음, 기름을 바른다. (기름은 성령에 대한 모형이다.) 하나님의 말씀이 성령의 능력으로 우리에게 적용되는 것은 물이다. 그 다음은 피를 뿌리는데, 피는 속죄의 피를 적용하는 것이다. 그리고 나서 기름을 붓는데, 이는 성령의 기름부음을 가리킨다. 영혼이 다시 살리심을 받고, 말씀에 의한 물로써 거듭나게 되는 일이 우선적으로 일어난다. 그 다음은 피다. 물론 여기에 성령님이 역사하신다. 그래서 우리에게 주신 성령으로 말미암아 하나님의 사랑이 우리 마음에 부은바 되는 것이다. 이 순서를 주목해보라.

요한복음 3장에서 내가 처음으로 발견한 것은, 우리는 성령으로 거듭난다는 사실이다. 그래야 성령으로 난 것이 영인 것이다. 여기서 나는 엄청난 진리를 볼 수 있었다. 바로 신적인 모든 것을 인식할 수 있는 능력은 거듭남을 통해서 신성에 속한 본성을 새롭게 받을 때 주어진다는 것이다. 육으로 난 것은 육일 뿐, 육은 결코 하늘 일을 알 수 없다. 종종 내가 말하는 것처럼, 거듭난 일이 없는 자연인이 천국에 들어간다고 해도, 그는 할 수 있는 한 재빨리 천국에서 도망치고자 할 것이다. 그가 좋아할 만한 것은 아무 것도 없기 때문이다. 이제 요한복음 4장을 보자. 여기에는 다른 내용이 전개되고 있다. 그리스도는 하나님의 선물에 대해서 말씀하고 있는데, 그것은 "영생하도록 솟아나는 샘물"이 될 것이다. 이것은 본질상 거룩한 생명을 언급하는 것으로만 그치지 않는다. 결과적으로 **하나님의 선물은 주 예수 그리스도께서 하늘로 승천하심으로써 나는 거기서 생명의 능력을 얻으며, 주 예수 그리스도를 통하여 이루어진 사역의 복된 결과를 소유하는 자가 되며, 거듭난 하나님의 자녀로서 하나님에게서 난 자들에게 속한 모든 신령한 복들과 더불어 주 예수 그리**

스도와 생생한 연합을 이루고 있는 것까지 포함하고 있다. 따라서 하나님에게서 난 사람은 그리스도와 함께 하나님 나라를 상속할 공동 후사가 된다.

그리스도는 사람이 되셨고, 영원히 사람이실 것이다. 마찬가지로 그리스도는 세세토록 종으로 섬기실 것이다. 출애굽기 21장에 보면 7년 동안 섬긴 히브리 노예는 자유를 얻을 수 있다. 만일 자기 상전이 자기에게 아내를 주었고, 또 "내가 상전과 내 처자를 사랑하니 나가서 자유인이 되지 않겠노라"고 말하면 상전은 그를 문이나 문설주 앞으로 데리고 가서 그것에다가 송곳으로 그의 귀를 뚫으면, 그는 종신토록 그 상전을 섬기게 된다. 주님은 열두 군단의 천사들을 사용해서 자유를 얻으실 수 있었다. 하지만 그렇게 하지 않으셨고, 따라서 주님은 영원토록 종으로 사시는 것이다. 요한복음 13장에 보면 "예수께서 자기가 세상을 떠나 아버지께로 돌아가실 때가 이른 줄 아시고 세상에 있는 자기 사람들을 사랑하시되 끝까지 사랑하시니라", 그리고 나서 "저녁 잡수시던 자리에서 일어나 겉옷을 벗고 수건을 가져다가 허리에 두르시고 이에 대야에 물을 떠서 제자들의 발을 씻으시고 그 두르신 수건으로 닦기를 시작하[신다]" 주님은 여전히 종으로 섬기고자 하시지만, 이제는 더 이상 제자들을 섬길 수가 없게 되었다. 주님은 제자들을 고아처럼 버려둘 수 없으셨고, 제자들은 주님과 함께 하는 시간을 가질 필요가 있었다. 그들은 이미 말씀으로 깨끗함을 받았지만, 행실에서 다시 더러워질 가능성이 있었다. 더러운 발은 천국에 합당하지 않다. 복되신 주님은 이 점에서 종으로 섬기는 사역을 하신다. 주님은 "내가 저들을 깨끗케 할 것이다."고 말씀하신다. 베드로가 주저주저하자, 주님은 "내가 너를 씻어 주지 아니하면 네가 나와 상관이 없느니라. 너희가 깨끗하지만, 다시 더러워진 발은 이런 식으로 깨끗케 해야 한다."고 말씀하셨다. 그리고 주님은 그렇게 제자들을 씻어주셨다. 이것이 바로 그리스도의 현재적인 사역이다. 누가복음 12장에 보면, 주님은 "허리에 띠를 띠고 등불을 켜고 서 있으라 너희는 마치 그 주인이 혼인 집에서 돌아와 문을 두드리면 곧 열어 주려고 기다리는 사람과 같이 되라 주인이 와서 깨어 있는 것을 보면 그 종들은 복이 있으리로다 내가 진실로 너희에게 이르노니 주인이 띠를 띠고 그 종들을 자리에 앉히고 나아와 수종들리라."(눅 12:35-36)고 말씀하신다. 주님은 마치 "나는 장차 천국에서 너희 종이 되리라."고 말씀하시는 것 같다. 우리는 장차 천국에서 주님이 우리를 섬기실 정도로 무한한 가치 있는 자들처럼 대우를 받을 것이며, 그렇게 천국에 앉아 먹고 마실 것이다.

110
다음은 그리스도의 사역이 완성되었다는 분명한 인식과 믿음에 대한 것이다. 그리스도께서 영광을 받으셨고, 또 하나님이 그 사역을 열납하셨다는 분명한 증거로 성령님이 오셨다. 그리스도는 영광 가운데 들어가셨고, 이제 나는 그리스도와 같이 될 것이다. 따라서 나는 그리스도께서 초림하신 후 완성하신 속죄 사역의 효력에 대한 복된 확신을 가지고 있다. "우리가 지금은 하나님의 아들들이라 장래에 어떻게 될지는 아직 나타나지 아니하였으나 그가 나타나시면 우리가 그와 같을 줄을 아는 것은 그의 참 모습 그대로 볼 것이기 때문이니"(요일 3:2) 그에 대해선 아무 의심이 없다. 그리스도는 사람으로 오셨고, 사람 중에 외로이 계셨지만, 그럼에도 우리를 구속하기까지 항상 사람들에게 열려 있었다. 이제는 우리를 자신과의 연합 속으로 넣으셨고, 나는 이것을 성령님을 통해서 알고 있다. 성령님을 통해서 나는 그리스도 안에서 지금 천상에 있는 줄로 알고 있다. 이것은 요한복음 14장 20절에서 말씀한 것이 이루어진 상태를 가리킨다. 우리는 모든 열매를 누리고 있지는 않지만, 성령님을 통해서 그리스도께서 이루신 역사의 열매들이 무엇인지 알고 있다. 요한복음 14장에서 주님은 "내가 너희를 위하여 거처를 예비하러 가노니 가서 너희를 위하여 거처를 예비하면 내가 다시 와서 너희를 내게로 영접하여 나 있는 곳에 너희도 있게 하리라"(요 14:2-3)고 말씀하셨다. 이것은 그리스도의 사역이 주는 복에 대한 최초의 언급이자 최종적인 결론이다.

이제 주님은 제자들이 이 세상에서 감당하게 될 일에 대해서 알려주신다. 제자들은 주님이 가는 길을 알게 되었다. 이는 주님이 아버지에게로 가며, 그들은 주님을 통해서 아버지를 보았기 때문이다. 아들을 통해서 나타난 아버지에 대한 계시는 최상의 하늘의 복을 가져다줄 뿐 아니라, 제자들의 소유가 될 모든 복에 대한 충만한 계시로 이끌어주며, 그 길을 보여준다. 왜냐하면 그리스도에게로 가면 그들은 아버지를 발견할 수 있기 때문이다. 빌립은 "주여 아버지를 우리에게 보여 주옵소서 그리하면 족하겠나이다"(요 14:8)고 말했고, 예수님은 "빌립아 내가 이렇게 오래 너희와 함께 있으되 네가 나를 알지 못하느냐 나를 본 자는 아버지를 보았거늘 어찌하여 아버지를 보이라 하느냐?"(요 14:9)고 대답하셨다. 이제 나는 모든 복의 원천이 하늘에 있음을 안다. 왜냐하면 우리는 아들 안에서 아버지를 보았기 때문이다. 그렇다면 하나님이 우리를 위하여 예비하신 것들에 대해서 하나님이 과연 우리에게 보여주신 일이 없단 말인가? 그렇지 않다. "오직 하나님이 성령으로 이것을 우리에게 보이셨으니"(고전 2:10) "우리가 세상의 영을 받지 아니하고 오직 하나님으로부터 온 영을 받았으니 이는 우리로 하여금 하나님께서 우리에게 은혜로 주신 것들을 알게 하려 하심이라"(고전 2:12)

따라서 나는 아들 안에서 계시된 아버지를 알고 있으며, 거기에 더하여 성령을 통한 넘치는 현재적인 위로를 받고 있다. 제자들은 아들 안에서 계시된 아버지를 알고 있어야 했다. 하지만 보혜사, 즉 위로의 성령이 오실 때까지 그들이 알 수 없었던 것이 하나 있었다. 그것은 바로 "그 날에는 내가 아버지 안에, 너희가 내 안에, 내가 너희 안에 있는 것을 너희가 알리라"(요 14:20)는 것이었다. 주님은 "너희가 내 안에 있는 것을 알게 될 것이다."라고 말씀하신다. 사람들은 종종 내가 알 수 없는 것에 대해 질문하곤 한다. 그에 대해선 심판의 날까지 기다려야 한다. 그러한 것에 대해선 아무것도 확신 있게 말할 수 없다. 왜냐하면 그것이 어떻게 진행될지는 나도 모르기 때문이다. 그렇다면 현재 은혜의 날에 대해서는 어떠한가? 나의 분깃이 있을까? 그렇다. 그렇다면 내가 가지고 있는 분깃은 무엇인가? 내가 소유하고 있는 분깃은 바로 모든 죄들을 제거해주신 그리스도이시다. 만일 그리스도께서 나의 모든 죄를 속죄하지 않았다면 나는 심판에 처하게 될 것이다. 게다가 나는 내가 그리스도 안에 있으며, 그리스도는 내 안에 있다는 것을 알고 있다. 하지만 사람들은 내가 그리스도 안에 있다고 말하는 것은 너무 지나친 억측이라고 말한다. 억측이라니! 그리스도는 내가 마땅히 알아야 하는 진리, "그 날에는 내가 아버지 안에, 너희가 내 안에, 내가 너희 안에 있는 것을 너희가 알리라"고 말씀하셨다. 이것을 의심하는 것이야말로 극도로 지나친 억측인 것이다.

"내가 아버지께 구하겠으니 그가 또 다른 보혜사를 너희에게 주사 영원토록 너희와 함께 있게 하리니 그는 진리의 영이라 세상은 능히 그를 받지 못하나니 이는 그를 보지도 못하고 알지도 못함이라 그러나 너희는 그를 아나니 그는 너희와 함께 거하심이요 또 너희 속에 계시겠음이라"(요 14:16,17) 당신은 당신 속에 성령님이 거하시는지 찾아보고 나서, 하나님이 내 안에 거하신다고 말할 수 있는가? 어쩌면 그에 대해 다른 사람들에게 설명할 수 없을지도 모른다. 이것은 우리가 성경을 알고, 또 성령님이 선물로 주어지는 것임을 아는가의 문제이다. "주의 영이 계신 곳에는 자유가 있느니라" (고후 3:17), "그 날에는 내가 아버지 안에, 너희가 내 안에, 내가 너희 안에 있는 것을 너희가 알리라."(요 14:20) 성령님이 우리 안에 내주하신다. 그렇다면 유혹을 이길 수 있는 힘, 하나님에게서 오는 지혜, 그리스도의 임재를 체험하며, 또한 보지 못하는 것들을 바라볼 수 있는 능력, 그리고 하나님과 동행하면서 누리는 기쁨의 자유가 있다. 이러한 것들이 우리가 걸어가는 길의 특징이다. 이러한 것들을 경험적으로 아는 것이, 그리스도 안에 있다는 것의 실제적인 결과임을 주목하라. 나는 내가 그리스도 안에 있다고 말할 수 있다.

하지만 당신 속에 그리스도가 있지 않다면, 당신은 그리스도 안에 있을 수 없다. 진정 그렇게 말할 수 있으려면, 당신 속에 그리스도 외에는 아무 것도 없어야 한다. 육신이 보여서는 안된다. 우리는 여기에 실패할 수 있음을 나는 알고 있다. 하지만 이것이야말로 그리스도인의 삶이 가지고 있는 합당하고도 실제적인 모습이다. 그리스도인을 통해서 나타나야만 하는 것은, 바로 그리스도인은 그리스도의 편지가 되어야 한다는 것이다. 이것이 나의 자리이다. **내가 걸어가야 하는 실제적인 영적인 모습은 내가 죽었고, 따라서 내 속에서 성령의 능력이 약동하며, 오직 그리스도 외에는 보이는 것이 없어야 한다는 것이다. 그것이 바로 우리는 그리스도 안에 있고, 그리스도는 우리 안에 있다는 의미이다.**

112

그 결과로 또 다른 것이 있다. 만일 누가 하나님의 사랑을 증명해 보라고 한다면, "그가 우리를 위하여 목숨을 버리셨으니 우리가 이로써 사랑을 알고"(요일 3:16)라고 말할 수 있을 것이다. 우리가 그 사랑을 기뻐하는 것은 "우리에게 주신 성령으로 말미암아 하나님의 사랑이 우리 마음에 부은 바"(롬 5:5) 되었기 때문이다. 사랑이신 하나님이 내 속에 거하시기에 나는 하나님의 사랑을 안다. 하나님은 사랑이시다. 성령님이 내 속에 거하신다. 이것이 무엇을 의미하는지 우리는 다 알 수도 없고, 다 헤아리지도 못한다. 나는 아버지를 알고 있지만, 그럼에도 하나님의 마음속에 있는 것들에 대해서 아직 모르는 것이 수천수만 가지가 넘는다. 보통 우리는 지금까지 아버지를 알아 왔지만, 그럼에도 여전히 아버지의 마음속에는 수많은 것들이 있고, 또 아직 다 모르는 아버지의 성품이 있다. 그렇다고 해서 "나는 아버지를 정말 모르겠어."라고 말한다면, 그것은 참으로 두려운 일이다. "우리는 다시 무서워하는 종의 영을 받지 아니하고 양자의 영을 받았으므로 우리가 아빠 아버지라고 부르짖느니라"(롬 8:15) "내가 아버지 안에" 이것은 그리스도의 자리이다. "너희가 내 안에" 이것은 우리의 자리이다. 따라서 이것은 열납(수용)의 문제일 뿐 아니라 관계의 문제이다. 이는 우리가 아들로 열납되었기 때문이다. 성령님은 이에 대한 지각을 주신다. 그렇다면 이 모든 신령한 감정과 정서는 어디에서 나오는 것일까? 바로 관계에서 나온다. 당신이 아직 하나님의 자녀가 된 일이 없다면 하나님의 자녀로서 갖는 거룩한 감정과 참된 의무를 느낄 수 없으며, 그럴 필요도 없다. "성령이 친히 우리의 영과 더불어 우리가 하나님의 자녀인 것을 증언하[신다]"(롬 8:16) 오직 우리 속에 내주하시는 성령에 의해서만이 나는 하나님의 자녀들에게 속한 감정과 정서를 누린다.

이제 이 주제가 심판자이신 하나님 앞에 서는 것과 무슨 관계가 있는지 살펴보자. 그리스도 사역의 공로로 나의 모든 죄가 제거되었다. 나는 그리스도의 공로로 눈처럼 희게 되었기에 자녀이다. 만일 내가 안전하다는 것을 아무런 감흥도 없이 그저 냉담하게 받아들인다면 내 마음엔 아무런 감정도 없을 것이고, 아무 기쁨도 느끼지 못할 것이다. 하지만 하나님과 우리가 아버지와 자녀가 된 관계는 우리가 느끼는 안전감과 일치를 이루고 있다. 그리스도께서 나를 위해 죽으셨다는 것이 참으로 마음에 믿어지면, 참으로 표현할 수 없을 정도로 감사한 마음을 갖게 된다. 이 보다 더 감격스러운 사실은, 우리가 지금 그리스도와의 연합 속으로 들어왔다는 것과 그러한 연합이 완결되었다는 것이다. 우리는 "그가 나타나시면 우리가 그와 같을 줄로 [알고 있으며 장차 우리는] 그의 참 모습 그대로 볼 것[을]"(요일 3:2) 알고 있다. 주님은 완전하게 우리를 축복하시는 방식으로 사랑하신 주님의 사랑을 우리가 알지도 못한 채 있도록 그냥 내버려두지 않으신다. 이제 우리는 우리 마음에 이미 부어주신 하나님의 사랑을 통해서, 우리에게 장차 나타날 영광을 인식할 뿐만 아니라 우리에게 주실 기업에 대한 보증을 소유하고 있다. 성령님이 내 속에 거하시며, 또한 나를 위해 이루신 사역의 모든 열매에 대한 인식을 주시며, 그 모든 것이 나에게 주어진 것을 알게 하신다.

113

만일 이것이 사실이라면, 만일 내가 그리스도에게 나아가 그리스도께서 주는 생수를 마셨다면, 그렇다면 나의 배에선 생수의 강이 흘러날 것이다. 이 생수의 강이 다른 사람에게로 흘러나가게 된다. 하나님은 우선 우리로 하여금 하나님 자신을 기뻐하게 해주신다. "우리 주 예수 그리스도로 말미암아 하나님 안에서 또한 즐거워하느니라 "(롬 5:11) 그렇다면 이제는 하나님 사랑의 활동이 우리 안에서 어느 정도는 재생산되는 것이 있다. 물론 우리 속에 하나님 사랑의 본질은 계속해서 남아 있다.

"네가 나를 아는가?" 주님은 물으신다. "네 그렇습니다." 하고 나는 대답한다. "어떻게 나를 아는가?", "저는 가난하고 불쌍한 죄인이었지만, 그리스도께서 오셔서 나를 위해 자기 목숨을 내어주셨습니다." "네가 그것을 아느냐? 그렇다면 가서 다른 사람들에게 증거하라." 나는 불쌍한 죄인이었지만, 그리스도 안에서 하나님의 의를 얻은 자 되었다. 이것이 얼마나 복된 자리인가를 생각하라! 나는 하나님 앞에서 이처럼 복된 자리를 차지하고 있다. "그리스도 안에서 하늘에 속한 모든 신령한 복을 우리에게 주[셨기에]"(엡 1:3) 나는 영으로 그것을 누릴 수 있다. 그것이 내가 하나님 앞에서 얻은 자리이다. 그리스도께서 아들이신 것처럼 나도 아들이다. 나는 하나님을 아버지로 모시는 친밀한 관계 속에 있다. 그래서 주님은 "내 아버지 곧 너희 아버지"(요 20:17)라고 말씀하셨다. 이제 주님은 나에게 하나님의 사랑의 활동에 참여하게 하심으로써 그 사랑을 다른 사람들에게 증거하게 하신다. "이는 그를 믿는 자들이 받을 성령을 가리켜 말씀하신 것이라 (예수께서 아직 영광을 받지 않으셨으므로 성령이 아직 그들에게 계시지 아니하시더라)"(요 7:39) 분명히 여기서 말하고 있는 성령은, 사람들로 믿도록 외적으로 역사하시는 성령을 가리키지 않는다. 분명한 것은 믿는 사람들이 받게 될 성령을 가리키고 있다. 그리스도의 사역이 완성되고 또 그리스도께서 영광을 받으신 후에야, 성령님은 강림하실 것이며 또한 나를 그리스도와 연합시키실 것이다. 그 후에야 나는 그리스도께서 영화롭게 된 사람으로서 소유하신 모든 것에 참여하게 되고, 그리고 나서 다른 사람들에게 그 사랑을 증거하도록 보내심을 받게 되는 것이다.

만일 성령께서 그리스도의 것들을 가지고 나에게 보이신다면, 이 세상을 통과해야 하는 나에게 미치는 영향은 무엇일까? "피조물이 다 이제까지 함께 탄식하며 함께 고통을 겪고 있는 것을 우리가 아느니라 그뿐 아니라 또한 우리 곧 성령의 처음 익은 열매를 받은 우리까지도 속으로 탄식하여 양자 될 것 곧 우리 몸의 속량을 기다리느니라"(롬 8:22,23) 그리스도는 이 세상에 계실 때 어떠했는가? 이 세상에 대해서 느끼신 것은 무엇이었는가? 자신의 권리로 주장하신 것이 있었는가? 없었다. (물론 그리스도는 세상의 주님으로서 세상에 대한 권리를 가지고 계신다.) 하지만 권리를 주장하실 수 없었다. 그렇다면 그리스도는 사랑이셨는데, 어떻게 비참한 세상에 대해 무관심하실 수 있단 말인가? 그리스도는 무관심하지 않으셨다. 다만 그리스도는 이 세상에 있는 동안 저 천상에 있는 아버지와의 복된 사귐을 누리셨고, 그렇게 그리스도께서 내적으로 가지고 계신 거룩성과 사랑은 오히려 이 세상에 있는 동안 슬픔의 원천이 되었다. 그리스도의 영을 소유한다는 것은 그러한 그리스도와 더불어 고난을 받는 특권을 받아 그리스도와 함께 고난에 동참하는 것이다. 나의 마음은 피조물의 탄식하는 소리를 들으며, 그것을 하나님께로 가져가게 된다. 피조물의 회복과 치료를 위해서 무엇을 구해야 하는지 알지 못한다. 이 땅에서는 전혀 답이 없다. 하지만 내 속에 신성한 사랑의 샘이 솟아나기에 성령의 생각이 내 속에 있다. 따라서 성령님이 하나님의 뜻을 따라 내 속에서 중보의 기도와 간구를 올리신다. 이것은 우리가 들어간 자리가 얼마나 경이로운 자리인지를 보여준다. 우리는 아직 영광스럽게 되지 못했지만, 하나님은 우리를 얼마나 기묘한 자리에 넣으셨는가!

114

성령님은 내가 죄 사함 받은 것을 보증하시며, 하나님과 나의 관계가 아들의 지위에 있다는 인식을 주신다. 이제 나는 영 안에서 행할 수 있게 되었고, 성령께서 계시해주신 영광에 들어가기도 전에, 그것이 가지고 있는 엄청난 효력이 이미 나의 것이 되었음을 보게 해주신다. 성령님은 만일 영광이 나의 것이 아니라면, 나의 것이 아닌 것을 계시하실 수 없으시다. 이 모든 영광은 우리의 것으로 주어졌다. 왜냐하면 우리가 아들이고, 그리스도와 함께 한 공동 후사이기 때문이다. 우리는 "그 아들의 형상을 본받게 하기 위하여 예정되었다. 이는 그로 많은 형제 중에서 맏아들이 되게 하려 하심이[다]"(롬 8:29) 성령님께서 이 모든 복들을 계시해주시는 것은 이 모든 것들이 나의 것이 되었음을 알려주기 위한 것이다. "우리로 하나님께 영광을 돌리도록" 바로 "하나님이 우리의 영광을 위하여 만세 전에 미리 정하신 것이[다]" 베드로전서 1장 10-13절은 이 모든 계시를 순서에 따라서 매우 선명하게 보여준다. 구약 시대의 "선지자들은 연구하고 부지런히 살펴서 자기 속에 계신 그리스도의 영이 그 받으실 고난과 후에 받으실 영광을 미리 증언하여 누구를 또는 어떠한 때를 지시하시는지 상고하니라 이 섬긴 바가 자기를 위한 것이 아니요 너희를 위한 것임이 계시로 알게 되었으니 이것은 하늘로부터 보내신 성령을 힘입어 복음을 전하는 자들로 이제 너희에게 알린 것이요"(벧전 1:10-12) 우리는 아직 영광에 들어가지 못했지만, 그 영광에 속한 모든 것이 우리에게 계시되었고 또 알려졌다. 그러므로 "너희 마음의 허리를 동이고 근신하여 예수 그리스도께서 나타나실 때에 너희에게 가져다 주실 은혜를 온전히 바랄지어

다"(벧전 1:13)

　성령님이 이러한 것들을 계시하고자 하는 목적을 가지고 하늘로서 보내심을 받았다. "하나님이 자기를 사랑하는 자들을 위하여 예비하신 모든 것은 눈으로 보지 못하고 귀로 듣지 못하고 사람의 마음으로 생각하지도 못하였다 함과 같으니라 오직 하나님이 성령으로 이것을 우리에게 보이셨으니"(고전 2:9,10) 사도 바울은 이것이 우리의 위치(position)임을 보여주기 위해서 이 본문을 인용하고 있지 않다. 오히려 그 반대이다. 그것은 구약성도의 위치와 상태였다. 하지만 우리는 하나님으로부터 성령을 받았다. 이는 우리로 하여금 하나님께서 우리에게 거저 주신 것들을 알도록 하신 때문이다. 나는 이제 아들의 지위 속으로 들어왔으며, 이것을 성령을 통해서 알고 있다. 나의 최고의 기쁨은 분명 아버지와 아들과 함께 하는 사귐을 누리는 것이다. 장차 이러한 사귐은 아버지 집에서 영광 중에 더욱 복되게 누리게 될 것이다. 그곳에 무엇이 있을지 당신은 아는가? 어떤 의미에선 모든 것을 안다고 말할 수 있다. 그 모든 것은 이미 계시되었다. 하지만 하나님의 임재 외에 또 다른 복이 있다. 성령님은 또 다른 것을 나에게 보여주신다. 즉 우리 가운데서 영광 중에 그리스도를 온전히 닮지 않은 사람은 하나도 없게 될 것이라는 것이다. 주 예수님은 "그 날에 강림하사 그의 성도들에게서 영광을 얻으시고 모든 믿는 자에게서 기이히 여김을 얻으[실 것이다]"(살후 1:10) 그리스도께서 우리 모두를 칭찬하시는 것을 보게 될 것을 생각해보라.

115

그렇다면 이제 나의 소망은 무엇일까? 그것은 그리스도를 닮는 것이다. 그러한 소망은 완벽하게 이루어질 것이며, 엄청난 기쁨이 될 것이다. 우리가 미처 생각해보지 못한 엄청난 것은 없다. 이제 우리는 하나님의 복된 아드님이 우리를 위해서 고난을 당하시고, 죄가 되신 것을 알고 있다. 그리스도께서 제시하시는 길을 보라. "나는 세상에 줄 수 없는 것을 너희에게 주노라." "내가 너희에게 주는 것은 세상이 주는 것 같지 아니하니라"(요 14:27) 세상이 주는 것은 곧 사라지는 것들 뿐이다. 그리스도는 곧 사라질 것들을 우리에게 주지 않으신다. 그리스도께서 제시하는 길은 자신이 소유하고 있는 모든 것들을 우리로 누리도록 주시는 것이다. 그리스도는 자신과 더불어 자신의 소유를 함께 누리길 바라신다. "평안을 너희에게 끼치노니 곧 나의 평안을 너희에게 주노라"(요 14:27)고 주님은 말씀하신다. "저희로 내 기쁨을 저희 안에 충만히 가지게 하려 함이니이다"(요 17:13) "내가 [아버지께서 내게 주신] 아버지의 말씀을 저희에게 주었사오매"(요 17:14) "내게 주신 영광을 내가 저희에게 주었사오니", "나를 사랑하신 사랑이 저희 안에 있고"(요 17:26) 바로 이러한 것이, 그리스도께서 자신과 아버지가 누리는 관계의 기쁨으로 우리를 인도해 들이시는 길이다. 이것은 선물을 주시는 이가 선물보다 더욱 가치 있고 복된 이유이다. 어머니가 내게 쿠키를 만들어주었다. 쿠키 자체는 별로 큰 가치가 없지만, 쿠키를 만들어주신 어머니는 더욱 소중하다. 선물 자체 보다 선물을 주는 존재가 더욱 가치 있는 법이다.

나는 성령님을 통해서 이 모든 것을 알고 있다. 이는 성령의 능력을 통해서 나로 하여금 더욱 소망 안에서 즐거워하도록 하기 위한 것이다. 두 종류의 행복이 있다. 우리가 가진 소망을 통한 행복이 있다. 다른 행복은 무엇일까? 감정에 기초한 안식을 통한 행복이 있다. 하나님은 예수님을 사랑하시듯 나를 사랑하신다. 나는 그 사랑 안에서 안식을 누린다. 다른 사람을 사랑한다고 말하는 것 자체만으로 사랑에 대한 증거가 될 수 없다. 가장 진실한 사랑은 스스로 그 모습을 드러내지만, 그 대상을 향해 고백할 때에는 스스로 떠벌이지 않으며, 자신의 사랑이 엄청난 증거를 가진 위대한 사랑인 것처럼 선언하지도 않으며, 자신의 사랑이 빈약한 감성을 가진 부족한 사랑인 것처럼 불평하지도 않는다. 우리는 사랑에 대해 너무 많은 생각을 하는 경향이 있다. 확신과 신뢰가 있다면 우리 마음은 고백한 사랑의 가치 안에 안식하며, 그 사랑의 대상을 생각하면서 마음의 평안과 안식을 누린다. 그것이 참된 감정이다. 한 아이가 내게 와서 "나는 엄마를 무척 사랑해요."라고 떠벌이듯 말했다. 그래서 나는 "너는 참으로 불행한 아이구나. 네가 말한 것처럼 너는 조금도 엄마를 사랑하지 않는구나."라고 대답했다. 그런데 그 아이는 "아저씨가 우리 엄마를 아신다면, 저를 향한 인내와 포기하지 않는 사랑을 아신다면, 그렇게 말씀하지 못하실 걸요. 사실 저는 종종 어리석은 일을 저지르고, 엄마의 기대를 저버리곤 하지만, 엄마는 한번도 저를 포기한 적이 없거든요. 엄마가 아파 누웠을 때에도 저는 소란스럽게 했지요. 그럼에도 엄마의 사랑은 식을 줄 모르고, 포기하지 않으셨죠." 그때서야 나는 그 아이가 정말 엄마를 사랑하는구나하고 인정하기에 이르렀다. 나의 모든 생각을 뛰어넘는 그러한 사랑을 감지했을 때 그 사랑의 크기를 느끼며, 나는 감사했고, 축복했으며, 경이를 표했고, 또 찬미하지 않을 수 없었다. 그러한 감동으로 충만해진 상태에서 나는 그리스도를 묵상했다. 그러한 것이 하나님을 향한 사랑인 것이다. 만일 내 속 마음을 들여다보고, 내 사랑의 크기를 측량해본다면, 나는 감히 하나님을 사랑한다고 말할 수 없을 것이다. 그런 경우, 당신은 율법 아래 있는 것이다. 율법은 요구한다. 그것도 당연하게, 필수적인 것으로. 그것이 율법이다. "사랑은 여기 있으니 우리가 하나님을 사랑한 것이 아니요 하나님이 우리를 사랑하셨음이라"(요일 4:10) 요한일서 4장에서 우리가 하나님을 사랑하는 것에 대해 말할 때, 우리가 하나님을 사랑해야 한다고 말하고 있지 않다. 오히려 하나님이 먼저 우리를 사랑하셨기에 우리도 하나님을 사랑하고 있다고 말하고 있다.

116

이제 성령을 받고, 주 안에 거하는 일의 실제적인 효력에 대해서 살펴보자. 우리가 성령을 받았고, 그래서 주 안에 거하고 있다면, 그것은 그리스도께서 행했던 것처럼 우리도 행하도록 부르심을 받은 것이다. "육신을 따르는 자는 육신의 일을, 영을 따르는 자는 영의 일을 생각하나니"(롬 8:5) 아무런 목표도 없이 사는 사람들이 있다. 반면 무슨 목표를 가지고 있던지, 목표는 그 사람만의 독특한 특징을 형성할 것이다. 목표가 돈이라면, 탐욕스러운 모습을 나타낼 것이다. 목표가 권력이라면, 야심찬 모습을 나타낼 것이다. 하지만 만일 내 모든 애정의 대상으로 그리스도를 택했다면, 나는 그리스도를 좇을 것이며, 성령님은 그리스도에게 속한 모든 것들을 내 마음에 계시해주실 것이다.

그리스도께서 사랑하시는 것을 사랑하지도 않으면서 우리 마음에 그리스도의 사랑을 품을 수는 없다. 우리 마음에 그리스도의 사랑을 품으면, 그리스도께서 사랑하시는 일들 뿐만 아니라 그리스도께서 사랑하시는 사람들도 사랑하게 된다. 성령으로 충만하다면, 우리는 모든 성도, 심지어는 잘못된 길을 가는 사람들조차 사랑할 것이다. 왜냐하면 그리스도께서 그들을 사랑하신 그 인내의 사랑으로 그들을 품을 수 있기 때문이다. 이러한 사랑의 삶은 하나님과의 교통의 기쁨 속에서 동행하는 삶을 살 때 가능하다.

고린도전서 1장을 쓰고 있는 사도 바울의 모습을 보라. 바울은 고린도교회가 잘못 되어가고 있는 것을 보았음에도, 그들에 대한 좋은 점들을 말하면서 편지를 쓰기 시작한다. 바울은 "너희가 그의 안에서 모든 일 곧 모든 구변과 모든 지식에 풍족하므로 그리스도의 증거가 너희 중에 견고케 되어 너희가 모든 은사에 부족함이 없이 우리 주 예수 그리스도의 나타나심을 기다림이라 주께서 너희를 우리 주 예수 그리스도의 날에 책망할 것이 없는 자로 끝까지 견고케 하시리라"고 말할 수 있었다. 하나님은 지금까지 신실하셨고, 끝까지 신실하실 것이다. 그리고 나서 바울은 그들이 하고 있는 모든 일들에 대해서 책망하기 시작한다. 사람들은 구원에 대한 충만한 확신 또는 최종적인 구원에 대한 확신이 의무의 끈을 느슨하게 만든다고 잘못 생각한다. 그들은 정죄를 받아 구원을 잃어버릴 수 있다고 사람들을 위협해야 그들을 의무의 길에서 벗어나지 않게 할 수 있다고 생각하는 것이다. 하지만 이러한 생각은 어리석기 짝이 없다. 마치 의무를 지우면 어린아이들처럼 순종할 거라고 생각하는 것이다. 이것은 항상 어린아이인 것을 전제하고 있으며, 어린아이는 다른 아무것도 할 수 없다는 생각에 근거하고 있다. 모든 의무는 우리가 들어간 자리에서 나온다. 그렇다면 우리는 관계에서 파생되어 나오는 의무에 대해서 생각해야 한다. 우리는 하나님의 자녀로서, 또한 그리스도인으로서, 그러한 관계에서 파생되어 나오는 의무를 지킬 책임이 있다. 따라서 당신이 아직 그리스도인이 아니라면, 사실 관계에 속해 있는 그 거룩한 관계와는 아무런 상관이 없다. 관계의 인식은 거기서 시작되어야 한다. 자신이 속한 관계를 알지 못할진대, 어린아이가 어찌 아버지를 사랑할 수 있단 말인가? "우리는 다시 무서워하는 종의 영을 받지 아니하였고 양자의 영을 받았으므로 아바 아버지라 부르짖느니라"(롬 8:15)

117

성경은 자신을 하나님의 자녀로 인식하지 못하는 사람을 그리스도인으로 인정하지 않는다. 그러한 사람의 경우 그가 그리스도인이 되는 도상에 있을 수는 있지만, 아직 그리스도인의 신분에 도달한 것은 아니다. 여기서 우리는 자신감 또는 자기 확신 보다는 정직함을 앞세워야 한다. 과연 우리가 거룩한 관계 속으로 들어온 것을 하나님이 자각하게 해주시는지, 성령님을 통한 내적인 인식과 확신을 주시는지 스스로 물어야 한다. 성경 말씀을 인용하면서 그러한 자리에 자신이 들어온 것처럼 행세하는 것은 헛된 일이다. 당신이 성경이 그렇게 말하고 있는 구절을 그저 보고 인정하는 것과 성령님이 그것을 확증해주시는 것은 별개이기 때문이다. 나는 내적인 자기 성찰 없이 확신을 가진 사람보다는 오히려 확신은 없지만 진지한 사람에게서 하나님의 영광과 거룩을 향한 열망을 보곤 한다. 너무도 많은 영혼들이 이 주제에 있어서 막연한 추측만 하고 있다. 나 또한 이 부분에 확신이 없었기에 두려운 생각이 들었던 때가 있었다. 하지만 성경이 내게 말해준 것은 "우리는 다시 무서워하는 종의 영을 받지 아니하였[다]"는 것이다. 자녀가 된다는 것은, 더 이상 하나님을 심판자로 보지 않는다는 것이다. 나는 더 이상 하나님을 심판자로 보지 않는다. 물론 하나님은 심판장이시지만, 나는 하나님을 생각할 때 더 이상 그렇게 보지 않는다. 현재 하나님의 심판석에서 심판자로서 앉아있는 그분이 바로 나의 죄를 대신하여 십자가에 달리셔서, 그 모든 죄를 없이 해주신 분이시다. 하나님은 우리가 하나님 앞에서 경외심을 가지길 바라시지, 그저 두려움에 떠는 것을 바라지 않으신다. 나는 하나님께 나아갈 때, 나를 구원해주신 구원자이신 하나님 앞에 나아간다. 나는 물론 심판 받아 마땅한 죄들을 발견하지만, 또한 그 모든 죄에 대한 심판이 이미 이루어진 것을 본다. 우리는 장차 심판석에 앉아계신 그리스도 앞에 서게 될 것이다. 어째서 그러한가? 그리스도께서 심판장이시기 때문이다. 바로 심판장이신 그리스도께서 나의 모든 죄를 제거해주신 분이시다! 그럴진대, 어떻게 그리스도께서 나에게 죄를 물으실 수 있단 말인가? 또한 우리는 다 반드시 신자로서 그리스도의 심판대 앞에 서게 될 것이다. 물론 사실이다. 하지만 그곳에 가기 전에 우리는 이미 영광스럽게 되어 있을 것임을 기억하라. 성경이 "오직 우리의 시민권은 하늘에 있는지라 거기로서 구원하는 자 곧 주 예수 그리스도를 기다리노니 그가 만물을 자기에게 복종케 하실 수 있는 자의 역사로 우리의 낮은 몸을 자기 영광의 몸의 형체와 같이 변케 하시리라"(빌 3:20,21)고 기록하고 있는 것처럼, 그 날에 우리가 죽었건 아니면 살아있건 그리스도와 동일한 영광으로 변화를 입어 다시 살아나게 될 것이다.

118

한 가지를 더 살펴보자. 사랑하는 형제자매들이여, 이렇게 묻고 싶다. 이 땅에서 내가 하나님의 자녀가 되었음을 알고 또 하나님의 영으로 인도함을 받아 하나님의 뜻에 따라 거룩한 길을 걸으며, 이 세상에서 그리스도와 같이 변화되는 것이 과연 가능하다고 생각하는가? 나 또한 영광 중에 계신 그리스도와 같이 되기를 간절히 바라고 있다. 하나님의 아들의 형상을 지금 온전히 닮기를 바라며 소망하는 진지한 영혼들이 상당수 있다. 여기에 의도적이지는 않지만, 전적으로 해로운 오류가 있다. 그들은 새롭게 된 영혼 속에 그리스도와의 합일에 대한 열망을 가지고서, 마치 그것이 이 땅에서 믿음에 의해서 도달 가능한 것처럼 여기도록 한다. 하지만 이러한 생각은 하나님의 진리를 왜곡하는 것이다. 우리가 과연 그리스도처럼 죄 없는 정도까지 될 수 있을까? 만일 내가 죄 없다 하면, 그것은 나 자신을 속이는 일이다. 하지만 그리스도는 죄가 없으셨다. 과연 당신 속에 죄가 없는가? 성경은 우리가 이 땅에서 그리스도와 같이 되어야 한다고 말하고 있지 않다. 다만 그리스도께서 행하신 대로 우리도 행해야 한다고 말한다.

그리스도 안에 있는 구속을 제대로 이해하게 되면, 이것은 그리스도와 함께 죽고 그리스도와 함께 살아나는 영적 해방의 진리로 인도한다. 해방은 그리스도께서 나의 모든 죄를 대신해서 죽으셨음을 아는 것으로 이루어지지 않고, 거기서 더 나아가 "그리스도 예수 안에 있는 생명의 성령의 법이 죄와 사망의 법에서 나를 해방하였음이라"는 진리를 체험적으로 알게 될 때 이루어진다. 여기서 해방했다 또는 자유를 주었다는 말은 이중적인 특징을 가지고 있다. 즉 우리가 "말이 굴레를 벗었다."고 말할 때, 이것은 말에게 지어진 아무런 안장도 없는 상태를 가리킨다. 다른 경우, 우리가 "노예가 자유를 얻었다."고 말할 때, 그것은 상당히 다른 의미를 가지고 있는데, 이것이야말로 내가 죄와 사망의 법에서 해방되었다는 의미와 같다. 내 속에 죄가 있는 것을 발견하지만, 그 죄는 그리스도의 십자가에서 정죄되었기에, 그 죄의 법으로부터 나는 해방을 받았고 자유를 얻었다. 이렇게 얻은 영적 자유는 구속의 진리 뿐만 아니라 해방의 진리*를 앎으로써 오는 것이다.

누가 나를 이 사망의 몸에서 해방시켰는가! 어째서 당신은 당신 자신 속에 갇혀 해방 받지 못하는 것인가? 나는 해방에 이르고자 노력했지만 할 수 없었다. 이제 나는 육신 속에 있는 죄에 의한 정죄에 굴복하지 않는다. 이미 죄는 십자가에서 죽음에 처해졌음을 알

---

* 역자주: 해방의 진리를 깊이 있게 연구하기를 바라는 독자는, 「존 넬슨 다비의 영적 해방」, 「존 넬슨 다비의 성령론」, 「윌리암 켈리의 해방의 체험」, 「C.H. 매킨토시의 완전한 구원」, 「찰스 스탠리의 당신의 남편은 누구인가」, 「사도라 불린 영적 거장들」, 「신학자 존 넬슨 다비 평전」 등을 참고하라.

고 있기 때문이다. 내 힘으로 나를 더 개선할 수 없다는 것을 깨달을 때까지, 나는 해방을 경험할 수 없다. 그렇다면 당신은 로마서 7장에 있는 모든 고민과 갈등을 경험하게 될 것이다. 로마서 7장은 참된 그리스도인의 상태가 아니다. 자기 육신 속에 선한 것이 조금도 없다는 것을 우선적으로 발견하기까지 그 상태에서 갇혀 있게 될 것이다. 그렇다면 다음 단계는 무엇인가? 다음 단계로 넘어가는 것은 내 힘으로 되는 것이 아니다. 그래서 성경은 "내가 아니요"(롬 7:20)라고 말한다. 다음으로 넘어가려면 어찌 해야 하는가? 나는 나보다 더 나은 무엇을 발견해야 한다. 당신 힘으로 노력해보라. 나는 사람들에게 이렇게 말한다. "애를 써보라." 결코 성공하지 못할 것이다. 이제 당신은 그것을 행할 수 있는 힘이 당신 속에는 없다는 것을 배워야 한다. "원함은 내게 있으나 선을 행하는 것은 없노라"(롬 7:18) 나는 다른 이, 즉 나를 사망의 몸에서 해방시켜줄 해방자를 필요로 한다. 나는 그리스도 안에 생명의 능력이 있음을 알고 있다. 그리스도께서 바로 해방자이시다. 그리스도께서 죄를 위한 희생제물이 되셨을 때, 내가 (물론 옛 사람이) 그리스도와 함께 죽었고, 나의 육신 속에 있는 죄가 정죄를 받았다는 것을 알게 되면, 그리스도의 죽음은 바로 나의 죽음이 된다. 그렇다면 나는 (믿음을 통해서) 죄에 대하여 죽은 것이다. 이미 말한 바와 같이, 로마서 7장 속에 들어간 일이 없는 사람이 로마서 7장에서 벗어났다는 것을 나는 믿지 않는다. 나의 경우, 수많은 사람들과 마찬가지로, 죄 사함을 받기 전에 나는 내가 어떤 사람인지를 알고 있었다. 나는 로마서 3장을 경험하기 전에, 이미 로마서 7장을 알고 있었다. 완전 속죄에 대한 복음(full gospel)을 들었을 때 나는 죄 사함을 경험했다. 하지만 율법에 의해서 여전히 내 속에 있는 육신의 존재를 인식하고 있었고, 죄 사함을 받기 전에 율법에 대해 가지고 있는 생각은 그 후에 수정되었다. "나 자신을 속이지 않기를 소망한다. 나는 모든 죄를 용서받았다. 그럼에도 내가 어떻게 이런 저런 죄악된 일을 행할 수 있는가? 죄의 능력이 여전히 나를 사로잡고 있는데, 어떻게 벗어날 수 있는가?"에 대해서 더욱 생각하게 되었다. 육신은 결코 변화되지 않았다. 진리는 그러한 것들은 각기 다른 문제들이고, 따로 다루어져야 한다는 것이다. 자신을 아는 것이 중요한 관건이다. 문제는 율법이 정죄만 할 뿐 자유를 주는데 무력하다는 것이다. 율법은 죽이고 정죄할 뿐이다. 고린도후서 3장을 읽어보라.

119

사람이 창조된 후 전체 역사는, 하나님이 무엇을 합당하게 세우시든지 관계없이, 인간이 행한 첫 번째 일은 그것을 망가뜨렸다는 것이다. 아담은 선악과 열매를 먹었다. 노아는 권위를 세우는 일을 해야 했지만, 그가 행한 첫 번째 일은 술에 취해버린 것이었다. 하나님은 율법을 주셨지만, 이스라엘은 황금으로 송아지를 만들어 경배했다. 제사장들은 거룩히 성별되었건만, 첫째 날 다른 불을 드려 죽임을 당했다. 아론은 영광스럽고 아름다운 옷을 입고 지성소에 들어가는 것이 허락되지 않았다. 솔로몬은 왕국을 치리하는데 실패했으며 둘로 분열시켰다. 느부갓네살은 이방민족을 치리하는 수장으로 세움을 받았지만 거대한 우상을 만들어 세우고, 참 하나님을 섬기는 사람들을 핍박했기에 이방의 권세가 짐승에게 넘어갔다. 그리스도께서 은혜로 오셨을 때 이스라엘 백성들은 그리스도를 죽음에 넘기었으며 성령을 훼방하는 죄를 범했다. 이처럼 육신은 결코 변화되지 않는다. 나는 과장하고픈 마음이 없다. 당신 속에도 육신이 있다. 육신이 살아 역사하도록 해야 하는가? 그렇지 않다. 우리는 육신을 죽은 것으로 여겨야 (또는 청산해야) 한다. 그리고 항상 주 예수의 죽음을 몸에 짊어짐으로써, 예수의 생명이 또한 우리 몸에 나타나도록 해야 한다.

120
성령님은 아버지와 우리가 맺고 있는 복된 관계에 대한 인식과 자각을 주신다. 이제 거기에 합하여 우리가 부르심을 받은 것은 성령의 능력으로 우리 속에 오직 그리스도만 나타나는 삶을 활력 있게 살며 또한 그리스도께서 행하심 같이 행해야 한다는 것이다.

| 2장 요약 |

은혜의 역사에는 두 부분이 있다. 첫 번째 부분은 그리스도는 하나님의 어린양이시며, 두 번째 부분은 그리스도는 성령으로 세례를 주는 분이시다. 그리스도께서 성령으로 세례를 주시는 분이라는 것은 하나님과 우리 사이를 연결하여 관계를 맺어주는 능력이 무엇인지를 암시해주고 있다. 두 번째 부분이 이루어지려면 죄가 제거되어야 한다.

그리스도는 십자가에서 하나님의 공의와 사랑, 하나님의 사랑과 엄위하심, 죄의 삯을 요구하시는 하나님의 엄중함과 죄를 용서하시는 하나님의 선하심 등 이 모든 것들을 조화시키셨으며, 모든 죄 문제를 해결하셨다. 공의가 이루어졌기에 하나님도 의로우시며, 또한 그리스도를 자신의 구주와 주님으로 믿는 자도 의롭다고 하신다.

이 모든 일을 이루기 위해서 그리스도는 사람이 되셨고, 십자가에 죽으셨다가 죽은 자 가운데서 살아나셨으며, 그 결과 하나님께로 올라가셨고, 이제는 성령님이 강림하셨다. 이 땅에 성령님이 내려오신 것은 그리스도께서 하나님 보좌 우편에서 높임을 받으셨기 때문이다. 이 세상에 있는 성령님의 임재는 성령님을 마음에 모신 사람들을 하늘에 계신 그리스도와 연합 속으로, 연합의 관계 속으로 넣어준다.

성령님은 신자 개인 속에 거하시며 또한 살아계신 하나님의 성전인 하나님의 교회 가운데 거하신다. 성령의 내주를 통해서 그리스도인은 지금 그리스도께서 계신 그대로, 완전하고도 전적인 그리스도와의 연합을 이룬다. 그리스도와 연합된 그리스도인은 성령의 능력으로 오직 그리스도만 나타나는 삶을 활력 있게 살며 또한 그리스도께서 행하심 같이 행하게 된다.

Chapter 3
요한복음 3장
거듭남
Born Again

121

"유월절에 예수께서 예루살렘에 계시니 많은 사람이 그 행하시는 표적을 보고 그 이름을 믿었으나 예수는 그 몸을 저희에게 의탁지 아니하셨으니 이는 친히 모든 사람을 아심이요 또 친히 사람의 속에 있는 것을 아시므로 사람에 대하여 아무의 증거도 받으실 필요가 없음이니라"(요 2:23-25)

그리스도와 그리스도께서 이루신 사역, 그리고 성령님으로 연결된 진리는 오늘날 사단의 역사를 통해서 생긴 오류에 대한 가장 안전한 안전장치이다. 원수 사단의 계략이 아무리 치밀하다 해도 하나님의 진리에 의해서 분쇄된다. 요한복음 3장에서 우리는 영혼을 살리는 성령님의 역사를 볼 수 있다. 그리고 이러한 성령님의 역사가 이스라엘을 시험하는 하나님의 시험과 외적인 증거만을 받아들이고자 하는 인간의 자연적인 능력이 대조되면서 제시되어 있다. 요한복음 2장 24절에서 3장에 이르기까지, 우리는 우리 자신의 영혼을 위해 하나님의 진리를 붙들어야만 하는 필요성을 볼 수 있다. 그리스도를 고백하는 것은 매우 진지해보일 수 있지만, 생명의 흔적이 없거나 그 생명의 열매와는 동떨어진 고백은 아무런 가치가 없다. 사람들은 그리스도를 장차 오실 메시아 또는 하나님께로서 오신 분으로 고백했고, 그리스도의 행하신 일에 대해서 바른 분별과 생각을 가지고 있었지만, 그 모든 것이 다 하나님 보시기에 무가치했고 아무 의미가 없었다.

요한복음 2장 23절에서 25절을 보면, 성경은 많은 사람이 예수님이 행하시는 표적을 보고 그 이름을 믿었으나 예수님은 그 몸을 저희에게 의탁지 아니하셨다고 말한다(요 1:12절과 비교해보라). 이는 예수님이 친히 사람의 속에 있는 것을 아셨기 때문이다.

여기서 중대한 질문이 제기된다. **그렇다면 사람 속에 있는 것은 무엇인가?**

사람들 사이에 예수님이 메시아라는 것에 대한 확신이 퍼져나갔다. 이는 그가 행하시는 표적 때문이었고, 자신들의 방식으로 예수님을 영접할 준비를 갖추고 있었다. 니고데모는 이렇게 말했다. "내가 아니라 우리가 당신은 하나님께로서 오신 선생인 줄 아나이다." 여기서 우리는 사람 마음 속에 있는 악함이 전혀 인식되고 있지 않으며 또한 그것이 전혀 문제시 되고 있지 않음을 본다. 예수님이 하나님께로서 오신 분이심을 그 행하시는 표적을 통해서, 부인할 수 없는 강력한 증거로 제시되었고, 사람들은 자신이 주님을 대하는 태도를 통해서 자기 속에 있는 것이 무엇인지를 입증했다.

진리를 반대하는 사람은 아무도 없었다. 하지만 진리를 소유하고자 하는 사람 또한 없었다. 가나안 땅을 염탐했던 정탐꾼들은 그 땅에 대해 악평하는데 열심이었다. 당신이 만일 진리를 통해 얻게 되는 무한한 복만을 생각하고, 그로 인해서 맞닥뜨리게 될 시련과 고생을 생각하지 않는다면 십자가의 길을 가지 못한다. 십자가는 결코 기쁜 일이 아니다. 또한 결코 기쁨을 주기 위해서 고안된 것도 아니다. 그리스도께서 내 양심에 대한 권리와 소유권을 가지고 있음을 보았을 때, 나의 본성은 그분의 권리를 향해 저항하는 것을 느낀다. 그리스도께서 최우선적인 자리를 소유하셔야 하며, 다른 것들은 자리를 내어주어야만 한다. 하지만 이것은 내가 원하는 것이 아니었다. 이렇듯 십자가는 우리의 본성을 반하는 것이다.

주님은 이제 "거듭나야 하겠다(you must be born again)"는 선언과 더불어 니고데모를 만나신다. 거듭나는 것은 새로 태어나는 것을 가리킨다. 여기서 "새로(anew)"라는 말은 "다시(again)" 또는 "위로부터(from above)"라는 말보다는 더 강한 의미를 가지고 있다. 또한 이 말은 누가복음 1장 3절에서 사용된 "근원부터(from the very first)"라는 말과 원어상 같은 표현이다. 우리는 인간의 본성 속에서 사랑스러운 자질들을 발견할 수도 있다. 하지만 인간의 본성은 결코 그리스도를 사랑할 수가 없다. 왜냐하면 그리스도는 십자가와 영광이 함께 어우러진 분이시기 때문이다. 새로운 출생은 전적으로 새로운 것이다. 왜냐하면 "육(신)으로 난 것은 육(신)"이기 때문이다. 기독교는 육신을 조금도 개선시키지 않는다. 인간은 창조로 인해서 사랑스러운 존재였지만, 결코 하나님을 사랑하지 않았고 또한 하나님의 사랑을 믿지도 않았다. 창조 세계는 파괴되었고 망가졌다. 고의적인 것은 아닐지라도 사람의 속에 있는 것이 그렇게 만들었다. 그리고 타락한 상태 가운데 있다. 사람의 의지적인 마음은 하나님을 떠났다. 사람의 지성은 나름대로는 좋다. 사람의 성품도 호감을 줄 수 있다. 그럴지라도 당신은 본성적으로 하나님을 찾는 사람을 결코 보지 못할 것이다. 오히려 가장 호감을 주는 사람이 하나님을 쉽게 외면하는 것을 보게 될 것이다. 사람은 전적으로 새롭게 태어나야만 한다. 그럴 때 사람은 자신이 이 세상에 태어날 때 받은 것과는 전적으로 구분되는 새로운 본성을 얻게 됨으로써 하나님 나라에 들어갈 수가 있다. 사람은 자신의 가장 좋은 자질 뿐만 아니라 가장 나쁜 자질까지도 사용하고자 한다. 이것은 고등생물 뿐만 아니라 저등생물도 마찬가지이다. 눈을 크게 떠야 한다. 전혀 새로운 방식과 새로운 인지 능력이 생겨야, 비로소 우리는 하나님 나라를 볼 수 있게 된다.

122

타락 이전에 거룩이나 의로움은 없었다. 본래 상태는 거룩과 의로움과는 전혀 거리가 멀었다. 아담은 무죄상태였지만, 의롭거나 또는 거룩한 상태는 아니었다. 하나님이나 주 예수님을 무죄하다고 표현하는 것은 좀 우스꽝스럽다. 하지만 하나님은 거룩하시다. 악한 것을 차마 보지 못하고 싫어하는 것, 그것이 거룩이다. 거룩을 말할 때 최소한 그 두 가지가 핵심이다. 의로운 사람은 공의로운 것과 반대되는 것이 무엇인지를 판단하고 그것을 미워한다. 반면에 무죄한 사람은 선과 악에 대한 인식이 없으며, 다만 하나님께 순종하는 것이 자신의 의무임을 알 뿐이다. 아담의 죄는 하나님처럼 되고자 한데 있었다. 하지만 우리 그리스도인의 선함은 하나님처럼 되고자 갈망하는데 있다. 사도 바울도 우리로 하여금 하나님을 닮고 하나님을 본받는 자가 되라고 권하지 않았던가? 우리는 영광과 덕으로써 부르심을 받았기에, 우리 영혼은 하나님의 계획이 우리가 하나님의 아들의 형상을 본받는 것임을 늘 상기해야 한다. 우리가 힘쓸 일은 "뒤에 있는 것은 잊어버리고 앞에 있는 것을 잡으려고" 달려가는 것이다. 아담은 이러한 것에 대해서 전혀 알지 못했다. 아담의 총체적인 도덕적 본성은 전적으로 달랐다. 범죄한 사람 속에 있는 양심은 점차적으로 파괴되어 간다. 왜냐하면 양심이 이미 죄로 물들었기 때문이다. 결과적으로 아담은 하나님을 두려워하게 되었고, 하나님처럼 되고자 했다. 아담은 무죄성을 잃어버렸고, 다시는 그것을 되찾지 못한다. 하지만 우리는 둘째 아담을 좇아 전혀 새롭게 되었다. 우리는 하나님을 따라 의와 참된 거룩으로 새로이 지으심을 받았고(고후 5:17, 엡 4:24), 신적인 본성, 즉 신의 성품에 참여했으며(벧후 1:4), 하나님이 죄를 판단하시듯 죄를 판단하고 하나님이 거룩을 사랑하시듯 거룩을 사랑하는 데까지 이르렀다.

우리가 새롭게 창조된 것은 하나님을 따라 된 일이다(엡 4:24). 우리는 사람으로서, 선악을 아는 지식을 가지고 있을 뿐만 아니라,

(선악을 아는 지식이 결국은 사람으로 하여금 하나님을 두려워하게 만들었고, 하나님을 피하여 숨게 만들었다), 이제는 거듭난 사람으로서 다른 것을 가지고 있다. 우리는 신적인 방법으로 우리 영혼 속에 생명을 가지고 있다.

123

우리는 거듭남을 통해서 하나님이 소유하고 계신, 거룩하고 도덕적인 본성을 우리도 소유하게 된다. 이 새로운 본성 속에는 하나님의 의를 적극적으로 수용하고 기뻐하는 것이 있다. 왜냐하면 그 둘은 본질상 동일하기 때문이다. 이 새로운 본성은 하나님에게 속한 것으로 보양을 받고 또 기뻐한다. 게다가 이 본성은 그리스도를 우리 앞에 본받아야 할 대상으로 주어진 것을 만족해한다. 하나님은 우리를 그리스도 안에서 택하사 우리로 사랑 안에서 자기 앞에 거룩하고 흠이 없게 하고자 하셨다. 하나님은 우리를 자신의 본성의 형상 안에서 자기 앞에 세우셨다. 그리스도 안에서 우리는 하나님이 사람에게 기대하시는 모든 것을 소유하게 되었다. 그리스도는 하나님이 어떤 분이신지를 완전하고도 복된 방법으로 드러내셨을 뿐만 아니라, 인간이 하나님께 어떠한 존재가 되어야 하는지를 하나님 앞에서 온전히 나타내셨다. 그리스도를 통해서 우리는 우리 속에 하나님의 형상을 가지고 되었고, 여기서 더 나아가, 우리는 사람이 하나님에게 어떠한 존재가 되어야 하는가를 볼 수 있게 되었다.

우리 영혼을 다시 살리시는 성령님의 이러한 역사는 공통적인 특징을 가지고 있다. 바로 죽음을 통해서 된다는 것이다. **우리는 죽었고, 그렇기 때문에 죄에 대하여는 죽은 자로 여겨야 한다. 이것이 영적 자유이다.** 하지만 실제적으로 죽는 것, 또는 죽음에 넘기우는 것이 있다. 그것은 우리가 원하지 않지만, 바로 십자가를 가리킨다. 우리는 자유를 좋아하지만, 땅에 있는 지체를 죽이거나 죽음에 넘기는 것은 싫어한다. 땅에 있는 지체를 죽이는 것, 그것은 십자가로 된다.

하나님이 육신과 죄에게 내리신 사망 선고는 변할 수 없는 선고이지만, 한편 육신에게는 참으로 복된 일이다. 이렇게 육신은 이미 정죄 받았다. 그 선고는 새 사람이신 그리스도에게 집행되었다. 이는 우리로 새 사람이신 그리스도의 능력을 좇아 살도록 하기 위한 것이다. 이에 대해서 중요한 점이 있는데, 종종 많은 사람들이 혼동을 일으키고 오해하는 것이다. 즉 사람들은 흔히 살려면 죽어야 한다고 말한다. 사실은 그 반대이다. 죽으려면 먼저 살아야 한다. 사람들은 생명을 얻기 전에 먼저 죽는 것에 대해 이야기 한다. 그들은 틀렸다. 생명 윤리적으로 말해서, 죽음은 생명을 소유한 결과이다. 이 문제는 수도승과 그리스도인이 다른 것과 같은 이치이다. 만일 내가 수도승이라면 살기 위해서 먼저 나 자신을 죽이고자 할 것이다. 하지만 그리스도인의 경우엔, 기꺼이 죽기 위해서 먼저 하나님에게서 생명을 얻은 사람들이 되어야 한다. "사람이 물과 성령으로 나지 아니하면 하나님 나라에 들어갈 수 없느니라"(요 3:5), "자기의 뜻을 좇아 진리의 말씀으로 우리를 낳으셨느니라"(약 1:18) 하나님은 말씀으로 우리를 낳으신다. "예수께서 그리스도이심을 믿는 자마다 하나님께로서 난 자니"(요일 5:1), "그의 증거를 받는 이는 하나님을 참되시다 하여 인쳤느니라."(요 3:33) 말씀에 의해서 임하는 빛의 효과는 사람 속에 있는 모든 것을 판단하게 해주고, 하나님에게 속한 것을 기뻐하게 해준다는 것이다.

124
"성령으로 난 것은 영이니"(요 3:6) 말씀을 믿을 때 새로운 본성이 임한다. 하나님께로서 새로이 태어날 때, 진리는 거룩케 하고 깨끗케 하는 작용을 한다. "물로 씻어 말씀으로 깨끗하게 하사 거룩하게"(엡 5:26) 하는 역사가 일어난다. 하지만 이렇게 거룩케 하는 역사는 말씀에 의해서 성령님으로 거듭나기 전까지는 일어날 수가 없다. 여기서 성령으로 난 것은 영이라고 했을 때, 성령으로 난 것은 하나님의 영적인 본성을 가리킨다. 이것은 사람의 본성과는 본질적으로 다르다.

우물가에서 예수님이 여자에게 말씀하신 "생수"는 여자로 하여금 자신을 미워하게 만들었다. 정결한 생수가 결국은 사람 속에 있는 것이 무엇인지 검출하기 때문이다. 따라서 그리스도는 제자들에게 "너희는 내가 일러 준 말로 이미 깨끗하였으니"(요 15:3)라고 말씀하셨다. 새롭고 거룩한 본성을 통해서 나는 그리스도 안에서 하나님의 새로운 피조물이 되었고, 그 안에 있는 모든 것을 기뻐하는 새로운 감각이 생겼으며, 이제 그에 반하는 모든 것을 분별할 수 있게 되었다. 따라서 말씀은 깨끗케 하는 능력을 가지고 있다.

요한복음 6장에서 "내 살을 먹고 내 피를 마신다"는 표현이 주의 만찬에 투영된 것처럼, "물과 성령으로 난다"는 표현은 세례(침례)를 암시할 수도 있다. 그렇다고 해서 주님이 세례(침례)나 만찬 제정을 여기서 직접 언급하셨다고는 보기는 어렵다. 세례(침례)의 본질은 육체의 더러운 것을 제하여 버리는 것이 아니라, 물로써 임하신 예수 그리스도의 부활로 말미암아서 오직 선한 양심이 하나님을 향하여 찾아가는 것이다(벧전 3:21). 그리스도는 물로만 아니요 물과 피로써 임하셨다(요일 5:6). 이것은 우리로 하여금 더 이상 우리 자신을 조금도 긍정적으로 바라보지 못하게 하기 위한 것이다. 에스겔서 28장에서 두로 왕에 대해 말하고 있는 것을 읽어보라. 우리는 우리 자신을 바라보거나, 거기서 무슨 기쁨을 얻고자 해서는 안 된다. 우리 자신 밖에서 도움을 구해야 한다. 새롭게 된 사람도 마찬가지이다. 신적인 본성이 주어지는 순간, 거기에는 그리스도를 기뻐하는 새로운 취향이 생긴다.

이 사실이 요한복음 5장과 6장에서 이중적인 방식으로 제시되어 있다. 요한복음 5장은 무덤 속에 죽었던 죄인들이 다시 살리심을 받고 살아나는 것에 대해 말하고 있다. 이것은 신적인 본성을 주시는 하나님의 역사를 강조하는 것이다. 여기선 믿음에 대해 말하고 있지 않다. 여기서 중요한 것은 다시 살리시는 하나님의 능력이다. 요한복음 6장은 믿음을 강조하고 있다. 우리 믿음의 대상이 여기서 제시되고 있다. **우리 자신에 대해선 잊고, 그리스도로 가득해지는 것, 이것이 바로 완전한 믿음이다.** 우리 자신을 죽은 자로 여긴다고 할 때, 우리는 그리스도 안에서 이미 죽은 사람으로 여기는 것이다. 어떻게 이런 일이 가능할까? 그리스도는 나를 대신해서 죽음의 자리로 내려가신 것이며, 또한 나로 해방을 얻도록 하기 위해서 그곳으로부터 다시 부활하신 것이다. 그리스도께서 십자가에서 고난 받으심으로써, 이제 그리스도의 부활의 능력이 나타나게 되었다. "이전 것은 지나갔으니 보라 새 것이 되었도다"(고후 5:17) 하나님은 이제 이전 것과는 아무 상관도 하지 않으신다. 이전 것은 더럽혀졌고 부패되었으며, 좋은 점이 하나도 없다.

125

성경은 우리를 개선시킨 것이 아니라 "보라 새 것이 되었도다."라고 말한다. 그리스도 안에는 신성의 모든 충만이 육체로 거하고 있다. 그리스도는 아버지와 함께 계시다가 우리에게 나타내신 바 된 영생이시다(요일 1:2). 이 영생은 낙원에서 쫓겨난 아담에게 속한 것이 아니다. 그렇다면 하나님과 인간은 어떻게 연결되는가? 성경은 "한 알의 밀이 땅에 떨어져 죽지 아니하면 한 알 그대로 있고"(요 12:24)라고 말한다. 한쪽에는 사람 의지의 불가분의 장애가 있고, 다른 쪽에는 사망의 권세가 있다. "나는 받을 세례가 있으니 그 이루기까지 나의 답답함이 어떠하겠느냐"(눅 12:50) "죽으면 많은 열매를 맺느니라"(요 12:24) "그의 힘의 강력으로 역사하시는 것"이 부활 안에 나타났다(엡 1:19). 그리고 에베소서 2장 1절에서 "너희의 허물과 죄로 죽었던 너희를 살리셨도다"라고 말한다. 이 모든 것과 연결되어 있으며, 이 모든 역사의 근거가 되는 것은 그리스도이시다. 그리스도는 죽으셨다가 다시 살아나셨다. 우리는 그리스도와 함께 살리심을 받았다. 둘째 아담이신 그리스도는 첫째 아담에 속한 모든 사람들의 머리로서 죽으신 것을 제외하면, 이스라엘이나 이방인의 머리로서 자리를 차지하고 있지 않다. 어째서 그런가? 그 이유는 구속은 그런 식으로 이루어진 것이 아니기 때문이다. 그렇다면 하나님의 의의 문제도 마찬가지이다. 만일 그리스도께서 이스라엘이나 이방인의 머리로서 자리를 차지하고 계시다면, 그들은 자동적으로 하나님의 의를 소유하게 되기 때문이다. 하지만 이 모든 역사를 이루신 그리스도는 전적으로 새로운 창조의 머리가 되는 일에 있어서 모든 면에서 합당하시다. 우리로 새로운 창조와 연결되게 해주는 것은 말씀에 의해서 이루어진다. 성령님에 의해서 살아있는 말씀이 능력으로 역사하게 될 때, 이 능력의 말씀은 우리를 부활 생명 안으로 들어가게 해준다. 이러한 그리스도와 함께 하는 부활 생명은 우리가 들어가게 된 그리스도 안에서 우리의 신분, 지위, 그리고 위치이다.

그리스도께서는 니고데모에게 유대인으로서 반드시 이해하고 있어야만 하는 것들에 대해 말씀하신다. (에스겔 36장과 요한복음 3장을 비교해서 읽어보라.) 주님은 "내가 땅의 일을 말하여도 너희가 믿지 아니하거든 하물며 하늘 일을 말하면 어떻게 믿겠느냐"(요 3:12)고 말씀하신다. 여기서 주님이 말씀하신 땅의 일이란 악하고 또 육신적인 일들이 아니라, 유대인들이 소망하고 기다리는 약속된 땅에 속한 축복을 가리킨다. 후일에 유대인들은 땅을 기업으로 얻기 전에 맑은 물로 씻음을 받게 되고 성령님으로 말미암아 새 마음을 받게 될 것이다. 바로 이것을 니고데모는 알아야 했던 것이다. 그럼에도 그 보다는 더 나은 하늘 일이 있었다. "바람이 임의로 불매"(요 3:8) 이것은 하나님의 은혜의 주권적인 역사를 가리킨다. 주님은 유대인 뿐만 아니라 이방인 가운데서 한 가련한 죄인을 택하셔서 주님이 주고자 하시는 축복 가운데로 이끌어 들이실 수가 있다. "하나님이 세상을 이처럼 사랑하사" 이러한 사랑은 유대인을 넘어서 나아간다. 따라서 이 구절은 하나님이 유대인을 이처럼 사랑하사라고 말하고 있지 않다.

126

모든 사람이 그리스도를 필요로 한다. 최상은 인자가 들림을 받아야 했다는 것이고, 최악은 하나님이 자신의 독생자를 내어주셔야만 했다는 것이다. 그리스도의 죽음을 통해서 구원이 이루어지는 것이기에, 유대인의 율법이나 이방인의 양심은 기여하는 것이 아무 것도 없다. 자신이 가지고 있는 그 어떠한 특권을 부르짖을지라도 구원을 얻는 데에는 아무 소용이 없다.

그리스도께서 행하신 일을 통해서 우리가 들어온 곳은 어디인가? 주님은 "우리 아는 것을 말하고 본 것을 증거하노라"(요 3:11)고 말씀하셨다. 여기에는 하나님의 이중적인 계시가 있다. 그리스도는 신적인 위격을 가진 분으로서, 그리고 신적인 영광을 직접 보신 분으로서 말씀하신다. "본래 하나님을 본 사람이 없으되 아버지 품속에 있는 독생하신 하나님이 나타내셨느니라"(요 1:18) 주님은 신성으로 충만한 영광으로 가득하신 아버지와 성령님과 함께 교제하시면서, 하늘 일을 아셨고 또 보셨다. 주 예수님은 신성한 본질의 하나됨 안에 계신 분이셨다. 거듭나기 전 우리는 비록 이 모든 신성 밖에 있는 존재요 다만 타락한 존재에 불과했지만, 이제는 하나님께로서 거듭난 존재로서, 우리에게 속해 있지 않았던 전혀 새로운 영역으로 들어오게 되었다. 이제 우리는 그리스도 안에서 **부활 생명**을 소유하고 있으며, **주와 합하여 한 영**이 되었다. 이것은 우리 속에 있는 나름대로 쓸 만한 자질들을 좋게 개선하는 것이 아니다. 오히려 아들이신 그리스도께서 친히 우리로 하여금 그리스도께서 소유하신 것들에 참여하는 자가 되게 하신 것이다.

| 3장 요약 |

인간의 본성은 도덕적으로 영적으로 죽어있기 때문에 새롭게, 다시 태어나야 한다. 우리는 거듭남을 통해서 하나님을 따라 의와 참된 거룩으로 새로이 지으심을 받으며, 신의 성품에 참여하며, 하나님이 소유하고 계신 거룩하고 도덕적인 본성을 소유하게 된다. 말씀과 성령의 외적인 역사로 거듭나게 되며 새로운 본성을 얻는다. 새롭고 거룩한 본성을 통해서 우리는 하나님의 새로운 피조물이 되며, 그리스도 안에 있는 모든 것을 기뻐할 수 있는 새로운 감각이 생긴다. 게다가 그리스도를 기뻐하는 새로운 취향이 생긴다.

거듭나기 전 우리는 비록 이 모든 신성 밖에 있는 존재요 다만 타락한 존재에 불과했지만, 이제는 하나님께로서 거듭난 존재로서, 우리에게 속해 있지 않았던 전혀 새로운 영역으로 들어오게 되었다. 이제 우리는 그리스도 안에서 부활 생명을 소유하고 있으며, 주와 합하여 한 영이 되었다.

Chapter 4
요한복음 3장
설교
An Address

127

요한복음 3장은 우리에게 하늘에서 내려온 유일하신 분, 그래서 자신이 아는 것을 말하고 본 것을 증거하시는 분에 대해서 말해준다. 그분은 하나님을 온전히 아실 뿐만 아니라 사람 속에 있는 것을 아신다. 하나님이 우리에게 요구하시는 것과 또 하나님이 우리에게 주시고 싶은 것을 알려주시는 분이시다. 그렇게 은혜와 진리는 예수 그리스도로 말미암아 왔다. 하나님의 아들이신 그분은 이 세상에 빛으로 오셨지만, 사람들은 빛보다 어두움을 더 사랑했다. 이것은 지금도 변함이 없다. 이는 자기 행위가 악하기 때문이다. 그분은 당신을 위하여, 그리고 은혜를 인하여 이 세상에 오셨다. 그분은 우리를 어둠 속에 내버려두지 않으시고, 우리 마음과 양심에 완전한 빛을 비추셨다. 그렇게 함으로써 하늘에 속한 것과 하늘에서 온 것, 그리고 하늘에 합한 존재가 되고 또 하늘에 이르는데 필요한 것이 무엇인지를 증거하셨다. 내가 하늘에 이르게 되면, 그곳에 합당한 존재가 되는데 필요한 도덕적 속성을 따로 갖출 필요가 없다. 바로 여기 이 땅에서 그 모든 도덕적 속성을 갖추어야 하기 때문이다. 그것을 위해서 이 땅에서 그리스도를 영접해야 한다. 그 이상 복된 것은 하늘에서도 얻을 수 없다.

니고데모는 그리스도에 대해서 그저 인간적으로만 생각했다. 니고데모는 그리스도를 하나님이 보내신 선생으로 알았다. 많은 사람들이 그리스도께서 일으킨 표적들을 보고 믿었다. 얼마나 많은 그리스도인들이 그렇게 하는가! 그리스도가 진정 누구신가에 대해서 그저 인본주의적으로만 생각하는 것이다. 그렇게 하는 것이 위선적이거나 부정직하다는 뜻은 아니지만, 실상 그렇게 믿는 사람은 주님을 알지 못하는 것이다. 마음 속에 영적인 필요를 느끼지 못하니 그럴 수 밖에 없다. 하지만 하나님의 아들이 여기 계신다. 그것으로 충분하지 않은가? 어쩌면 당신은 주님이 무엇 때문에 이 세상에 계시는지 아예 관심도 없는지 모른다. 당신은 정말 주님과 함께 하고자 하는 의지가 있는가? 그런 것 때문에 고민하고 싶지 않을지도 모른다. 거기까지는 마음을 쓰고 싶지 않은지도 모른다. 어쩌면 주님이 하시는 말씀을 한 마디도 듣고 있지 않은지도 모른다. 주님이 당신에게 하시는 말씀에 대해서 아무런 긴장감도 없고, 주님이 당신에 대해서 가지신 생각 또는 감정에 대해서 아무런 흥미도 없을지도 모른다. 당신이 잃어버린바 된 사람이라는 생각이 들었을 때, 주님 앞에 고요히 있을 수 있었는가? 그렇지 않았을 것이다. 하늘에 속한 것들을 말하고 증거하고 있음에도, 그리스도께서 당신 마음에 아무런 매력도 주지 못하고 있다면, 그것 보다 더 강력하게 사람의 완전한 타락을 입증하는 것은 없다. 지금 그것이 당신의 상태라면, 당신이 아무리 나는 구원받은 사람이라고 주장해도, 실상 당신은 잃어버린바 된 사람이다! 신문기사나 가족사, 또는 길거리에 일어난 가십거리들로 당신 마음을 채우지 말라. 오히려 하늘에서 일어나고 있는 하늘 일, 하나님에게서 온 복음이 여기에 있다. 그런데도 당신은 아무런 흥미를 느끼고 있지 않단 말인가! 하늘에서 오신 그리스도는 모든 사랑을 담아서 당신에게 증거하고 있지 않은가!

그렇다면 무엇보다 당신 속에 새로운 본성을 소유해야 한다.

하나님이 하실 수 있는 일에 대해서 당신은 무관심하다. 그러면서도 당신은 "그건 범죄가 아니야!" 라고 말하고 있다. 그렇지만 그것은 당신 영혼의 상태를 말해주고 있는 것은 아닐까? 당신은 그리스도에게서 아무 흠모할만한 아름다움을 느끼지 못한다. 그러면서도 당신은 여전히 하늘나라에 가기를 희망하고 있다! 하늘나라에 무엇이 있다고 생각하는가? 만일 그곳에 지금 당신이 별로 관심을 갖지도 아니한 그리스도께서 계신다면, 당신의 마음 속에 아무런 매력도 없는 그리스도께서 천국 기쁨의 핵심이자 중심이시라면, 당신은 진정 그곳에서 행복을 느낄 수 있을까? 그럴 수 없다! 만일 내가 천국에서 행복하려면, 분명한 것은 그 행복은 하나님과 함께 하는 것이어야 한다는 것이다. 당신은 하나님 안에서 무슨 기쁨을 맛보았는가? 천국에서 당신을 행복하게 해줄 것이 지금 당신 마음 속에 한 가지라도 있는가? 천국을 채울 사람들의 무리 속에서 당신은 기쁨과 행복을 맛보고 있는가? 부디 자신이 잘못되었으며, 자신이 좋은 열매를 맺어본 적이 없는 나쁜 나무이며, 나는 결코 더 나아질 수 없다는 사실을 깨닫고 영적으로 각성하기를 바란다. 당신의 모든 것을 아시는 주님은 이제 당신에게 "네가 거듭나야 하겠다(Ye must be born again)."고 말씀하신다. 이것이 바로 하나님이 당신에게 요구하시는 것이다.

128
이제 다른 측면을 살펴보자.

"인자도 들려야 하리니"(요 3:14)

하나님은 자기 아들을 주셨다. 이것은 은혜이다. 이것은 기쁜 소식이다. "멸망치 않고 영생을 얻게 하려 하심이니라"(요 3:16) 주님은 하나님의 영광을 따라 반드시 들림을 받아야만 했지만, 또한 당신이 멸망의 길을 가고 있는 죄인이기 때문에 들림을 받아야만 했다. 왜냐하면 당신은 죄인이고, 따라서 그분을 거절할 것이며, 당신 자신이 얼마나 나쁜 존재인가를 입증할 것이기 때문이다. 따라서 그처럼 복된 주님이 십자가에서 처형을 당하는 것만이 당신의 딱한 상황을 해결해줄 것이다. 그렇기 때문에, 당신은 반드시 거듭나야만 하는 것이다.

더 중요한 다른 이유 때문에, 아들께서 들려야만 했다. 그것은 절대적으로 필요한 의(로움) 때문이었다! 하나님은 불의를 차마 보지 못하시는 순결한 눈을 가지신 분이시다. 하나님의 아들은 자신이 아는 것을 말씀하셨다. 그분은 그것을 어떻게 아셨는가! 하나님은 악이나, 거룩하지 못한 생각을 조금도 용납하실 수 없으시다. 우리는 다 거룩하지 못한 생각으로 가득하다. 그리스도는 하늘에서 오신 분으로서 "인자도 들려야 하리니"라고 말씀하신다. 이것은 그분의 입에서 흘러나오는, 이 얼마나 복된 은혜로운 말씀인가! 여기서 우리는 그리스도의 절대적인 순종, 아버지를 향한 사랑의 깊음, 진노의 잔을 마셔야하는 상황까지 내다보시면서도 흔들림 없는 그리스도의 영혼에 깃든 평강과 고요를 엿볼 수 있다. 게다가 때가 된 줄 아시고, 예루살렘을 향하여 올라가기로 굳게 결심하시며, 그때가 거의 다 되었을 때 땀이 떨어지는 핏방울과 같이 되도록 기도하셨다. 하지만 공생애 초기부터 주님은 이미 하늘에서 내려오신 목적을 언급하셨다. **주님은 아버지의 뜻을 이루고자 오셨다. 그 뜻은 바로 우리의 구원이었다.**

멸망을 향해 가고 있음을 아는가?

당신이 완전히 타락했다는 사실 보다 더 강력한 은혜의 역사에 대해서 생각해보았는가? 당신의 양심을 압박하고, 또 당신의 마음을 괴롭게 하는 그 죄를 위해 그리스도께서 죽으셨다는 것을 당신은 알고 있는가? 그분은 당신의 죄를 대신 짊어지셨다. 이제 당신은 복음, 곧 복된 주 예수님께서 당신을 대신해서 죄인의 자리에 서셨고, 죄를 알지도 못하신 분이 당신의 죄를 대신 지고 죽으신 은혜에 대한 기쁜 소식을 알아야 한다. 내가 만일 나를 대신해서 십자가에 달리신 그리스도를 보았다면, 내가 갚을 수 없는 모든 죄를 대신 갚으신 그리스도를 진정으로 믿는다면, 나는 그리스도께서 나로 하여금 하나님께 나아가지 못하게 하는 죄를 남김없이 제거하셨다고 선언할 것이다. 그리스도는 자기를 단번에 제물로 드려 죄를 없이 하시려고 세상 끝에 나타나셨다(히 9:26). 그리스도는 그 구속(救贖 또는 代贖)의 역사를 이루셨다.

129

그리스도는 나를 바깥 어두운 곳으로 내쫓으셨는가? 그렇지 않다. 그 일은 심판의 날에 있을 것이다. 하지만 그리스도는 나의 죄를 없이 해주셨고, 나로 하여금 죄가 없는 상태에서 하나님 앞에 서 있도록 해주셨다. 그것은 하나님 아버지의 뜻이었고, 바로 그것을 위해서 그리스도께서 하늘에서 오신 것이다. 이 얼마나 말로 형용할 수 없는 위안의 말인가! 이제 내 마음 속에는 조금의 죄도 없다. 왜냐하면 그리스도께서 다 제거해주셨기 때문이다. 그리스도는 잔을 마셨고, 하나님이 "내가 네 원수를 네 발의 발등상으로 삼을 때까지 내 우편에 앉았으라"고 말씀하셨을 때 그리스도를 자신의 의(His seal in righteousness)로 인치셨다. 이제 은혜가 의로 말미암아 다스리며, 은혜는 우리 모든 죄보다 더 강력하게 역사한다. "하나님과 그리스도 사이에는 모든 것이 해결되었고, 온 세상에 의가 선포되었다."고 말할 수 있다면 참된 안식이 임할 것이다. 십자가를 덮고 있던 세 시간의 어둠이 무엇을 의미하는지 당신의 영혼이 알게 되는 순간, 당신은 하나님과 그리스도 사이에서 모든 것이 해결되었다는 것을 보게 될 것이다. 만일 당신이 그곳에 있었다면, 하나님의 진노가 얼마나 무서운 것이었는지를 분명히 볼 수 있었을 것이다.

그러므로 당신이 그리스도를 믿을 때, 그리스도께서 모든 문제를 해결하셨다는 사실과 함께 하나님 앞에 서게 된다. 그리스도는 당신을 위해서 이 모든 일을 이루셨다. 이 얼마나 복되고도 달콤한 진리인가! 이제 당신은 "하나님은 나를 이처럼 사랑하사 독생자를 보내주셨습니다. 나의 죄가 주홍 같을지라도 눈과 같이 희어졌습니다. 이제 나는 평안 가운데 살 수 있게 되었습니다."라고 말할 수 있다. 하늘에서 내려오신 분이 나에게 말씀하신다. "너는 비천한 자 중에 가장 비천한 자이다. 하지만 내가 너의 비천함을 취했다. 내가 나를 위하여 너를 구속했다. 이제 평안하여라." 십자가의 피로 평안을 이루신 주님은 "나의 평안을 네게 주노라."라고 말씀하신다. 이 얼마나 놀라운 사랑인가! 주님은 당신이 마셔야하는 잔을 대신 마셨고, 또 당신에게 평안을 주시고자 바로 자기 자신을 희생하신 것이다.

당신의 마음은 평안한가?

이제 누구도 주님이 이루신 일의 효력에 대해서 의심하지 못하게 하라. "인자도 들려야 하리니"라고 말씀하시는 그 순간의 고요함과 은혜 가운데서 주님이 하시는 말씀을 당신이 듣고 이해하기를 바라신다. 그리고 그 역사의 실제를 당신이 자신에게 적용해야 하는 이유를 설명하신다. 하나님의 빛이 당신을 둘러 비춤으로써 이제 십자가의 역사로 당신을 눈과 같이 희게 해주시고, 하나님이 친히 당신을 정결하게 만들어주시는 역사는 얼마나 복된 일인가! 이제 당신에게는 하나님의 얼굴 빛 가운데서 천국에 이르도록 걸어가는 일이 남아 있다.

4장 요약

　니고데모는 그리스도에 대해서 그저 인간적으로만 생각했다. 니고데모는 그리스도를 하나님이 보내신 선생으로만 알았다. 많은 사람들이 그리스도께서 일으킨 표적들을 보고 믿었다. 오늘날에도 그리스도인으로 자처하는 많은 사람들이 그리스도에 대해서 인본주의적으로만 생각할 뿐 정작 그리스도가 누구신가에 대해서 관심이 없다. 그리스도께서 하늘에 속한 것들을 말하고 증거하고 있음에도, 마음에 아무런 매력을 느끼지 못하고 있다면, 그것은 실상 자신이 잃어버린 바 된 사람이라는 증거이다. 아무리 나는 구원받은 사람이라고 주장해도, 실상은 완전한 타락 가운데 있으며 잃어버린바 된 사람이다! 따라서 거듭남을 통해서 새로운 본성을 소유해야만 한다.

　그리스도를 믿고 거듭나게 되면, 하나님의 빛이 둘러 비추고 십자가의 피로 이루신 하나님의 평안을 주신다.

Chapter 5
요한복음 4장
영생하도록 솟아나는 샘물
The Well of Water

131

요한복음 3장은 옛 창조와 새 창조를 대비시키는 성령의 살리는 능력을 소개하고 있다. 요한복음 4장은 다른 주제, 즉 신자 속에 거하시는 성령의 내주를 소개하고 있다. "내가 주는 물은 그 속에서 영생하도록 솟아나는 샘물이 되리라"(요 4:14)

사람은 반드시 물과 성령으로 거듭나야 한다. 거듭남은 모든 사람이 하나님 앞에서 해명해야 하는 중차대한 문제이다. 따라서 거듭남은 죄인에게 반드시 제시되어야만 하는 복음 중의 복음이다. "네가 거듭나야 하겠다(Ye must be born again)." 동시에 거듭남은 하나님의 초자연적인 역사임을 생각해야 한다. 성경은 거듭남을 의무적인 차원에서 반드시(must)라고 말하고 있지 않다. 왜냐하면 사람은 자기 힘으로 거듭남을 이룰 수 없기 때문이다. 대신 거듭나야만 하는 도덕적인 필요성이 있다. 왜냐하면 거듭나기 전까지 죄인은 하나님의 기준에 합당한 사람이 되고자 하는 욕구를 가질 수도 없고, 또한 거기에 합당한 자격을 갖출 수도 없기 때문이다. 따라서 거듭남의 필요성은 하나님은 어떤 존재이시며, 또한 사람은 어떤 존재인가라는 존재론적인 이유에서 나온다. 따라서 성령의 내주는 거듭남의 필수요건이 아니다. 즉 거듭나기 전에 성령의 내주가 시작되는 것이 아니다. 따라서 거듭나기 위해서 필요한 조건을 갖추는 것은 불가능하다. 왜냐하면 거듭남은 순수한 은혜의 역사이기 때문이다. 거듭남이 하나님에 의해서 되는 일이란 것을 아는 것 외에는 사람이 해야 하는 일이란 없다.

그러므로 거듭나는 일은 유대인 뿐만 아니라 이방인들에게도 필요한 일이다. "네가 만일 하나님의 선물[을]…알았더라면 네가 그에게 구하였을 것이요 그가 생수를 네게 주었으리라"(요 4:10) 요한복음 3장이 유대인에게 거듭나야 할 필요성을 제시하고 있다면, 요한복음 4장은 가장 비참한 이방인에게도 이스라엘과 마찬가지로 거듭남이 하나님이 주시는 순수한 선물임을 제시하고 있다.

거듭남의 결과로 성령님은 새로운 본성을 주실 뿐만 아니라 능력도 주신다. 새로운 본성은 분명한 특징, 즉 사랑과 거룩이라는 특징을 동반한다. "하나님께로부터 난 자마다 죄를 짓지 아니하나니"(요일 3:9) 하지만 또 다른 요소가 있다. 즉 능력의 문제이다. 능력이 없다면 거룩을 향한 갈망은 영혼의 괴로움과 정죄 의식만을 불러오게 되고, 평안, 기쁨, 자유, 하나님과의 관계의식은 있을 수 없게 된다. 이 모든 것들은 하나님의 성령의 내주를 통해서만 해결된다. 성령님은 자신이 거하시는 영혼 속에 이러한 모든 효과를 산출하실 뿐만 아니라, 하나님과 같은 특징을 우리 속에 형성하신다. 따라서 우리는 성령님이 우리 영혼을 다시 살리시고 또 새로운 본성을 주시는 역사와 성령님이 우리 속에 내주하시고 또 능력을 주시는 역사 사이에 놓인 차이점을 볼 수 있다.

우리가 아는 대로, 사마리아 여자가 물을 길러 나왔다. 주님은 "물을 좀 달라"고 요청하셨다. 사마리아 여자는 주님이 자기에게 물을 달라는 요청에 놀랐다. 그전에 우리는 주님이 유대인이며 바리새인이자 또한 존경을 받는 랍비와 대화를 나누셨던 것을 알고 있다. 그리고 이제 멸시받고 있는 사마리아 여자가 등장한다. 사마리아 여자는 그 당시 사회 통념을 뛰어 넘어 자신과 대화를 나누시는 주님의 자유함을 보고 놀랐다. 여기에 유대인 뿐만 아니라 미천한 이방인에게까지 내려주시는 은혜의 선물이 있다. 주님과 나눈 대화의 내용들을 살펴보면 매우 흥미로운 요소들이 많이 있는데, 특히 사마리아 여자를 대하시는 주님의 행동 속에서 주님의 겸비하신 모습을 볼 수 있다. 여기서 주님의 모습은 약속을 성취하시는 방식으로 오셨지만 사람들에게서 전적으로 거절을 당하시는 것으로 나타나고 있다. 주님은 계속해서 거절을 당하시지만 자신의 길을 가신다. 그리고 하나님이 남은 자들을 찾아가시는 곳, 즉 갈릴리로 향하신다. "흑암에 앉은 백성이 큰 빛을 보았고 사망의 땅과 그늘에 앉은 자들에게 빛이 비취었도다"(마 4:16) 주님은 이제 유대를 떠나시면서 패역하고 배도한 족속을 통과하고자 하신다. 이것은 우리에게 주님이 남은 자들에게로 가시기 전에 이방인들을 먼저 모으시는, 주권적인 은혜 가운데 행하시는 주님의 모습을 보여주고 있다.

132

따라서 죄인을 붙들어주는 것은 하나님의 주권적인 은혜이다. 하나님은 사람들에게 거절당하고 사람은 하나님에게 거절당한다. 이렇듯 하나님과 사람 사이에는 상호 전적인 거절이 있다. 그렇다면 약속은 무의미해진다. 왜냐하면 약속을 성취하기 위해서 오신 그리스도께서 거절당하셨기 때문이다. "내 마음에 그들을 싫어하였고 그들의 마음에도 나를 미워하였음이라"(슥 11:8) 이것은 하나님의 주권적인 선물로 이 세상에 오셨으나 거절당하신 겸비하신 그리스도를 가리킨다. "네가 만일 하나님의 선물[을]…알았더라면" 하나님은 값없이 선물을 주시는 분이시며, 그렇게 오신 주님이 그곳에 계셨다. 마음만 먹으면 또 다른 하늘과 땅을 능히 창조하실 수 있으신 분이 한낱 한 사마리아 여자에게 물을 달라고 부탁하신다! 주님의 마음 속에 있는 은혜는 이 얼마나 감동을 주는가! 주님은 자신이 먼저 물 좀 달라고 요청하시기 전에는, 사마리아 여자가 결코 자신에게 생수를 구하지 않을 것을 아셨다. 우리의 교만한 마음은 여기까지 나아갈 수 있다. 즉 "내가 만일 하나님의 호의를 받아들이면, 하나님도 나의 호의를 받아들이실 꺼야." 하지만 하나님은 친히 오셔서 말씀하신다. "네가 만일 하나님의 선물[을]…알았더라면" 게다가 주님은 사마리아 여자가 떠서 주는 우물물을 의지하셔야만 했다. 그것이 주님이 취하신 겸비의 자리이다. 주님이 사마리아 여자의 호의를 구하는 자리에까지 낮아지셨을 때, 비로소 그녀는 닫힌 마음의 수문을 열수 있었다. "사마리아를 통과하여야 하겠는지라"(요 4:4) 주님은 그 길을 통과해야만 했다. 그 길은 하나님의 사랑으로 충만한 길이며, 하나님의 사랑으로 강권함을 받아 걸어야 했던 길이었다.

우리 마음이 아무리 추해도 그러한 은혜를 이해하는 것은 그리 어렵지 않다. 하나님의 임재 가운데 있으면 그처럼 단순한 것도 없다. 만일 당신에게 요청하시는 분의 신분을 정말 안다면, 당신이 그처럼 비참한 인간에게 베푸시는 완전한 은혜를 믿을 수 있다. 이것은 당신이 이것을 하고 또는 저것을 하는 문제가 아니다. 다만 하나님이 당신을 찾아오셨다는 것이 중요하다.

사마리아 여자는 지금까지 죄악 가운데 살아왔지만, 주님은 그녀를 편안하게 대우하셨다. 그녀는 한낱 사마리아 여자에 불과했지만, 하나님은 그녀와 대화를 나누고 계신다! 하나님이 우리에게 주고자 하시는 것을 우리로 얻을 수 있도록 하나님의 계시는 이런 식으로 사람들에게 인식된다. 우리 영혼이 그리스도 안에 있는 것이 무엇인지 비로소 이해하는 순간은, "주여 그런 물을 내게 주사"(요 4:15)라고 구하게 되는 복된 시간으로 이어진다.

133
16절. "가서 네 남편을 불러오라" 조금 더 생각해보아야 할 것이 있다. 죄 문제가 거론되어야 한다. 양심이 작동되고 죄에 대한 각성이 일어나기 전까지는, 정말 주님이 주시고픈 선물이 무엇인지에 대한 이해는 존재하지 않는다. 하나님에게 속한 것들이 인간의 이해를 통해서 주어지는 것이라면, 사람은 어떤 의미에서 하나님에게 부응할 수 있는 존재가 되는 것이다. 하지만 사람은 하나님과의 관계에서 그러한 위치에 있지 않다. 양심이 작동될 때, 비로소 영적 필요에 대한 인식이 생기게 되는 것이다. 그 후에야 비로소 죄인은 자신에게서 죄 외엔 아무 것도 보이지 않고, 죄 문제를 해결하는 것은 오직 하나님의 은혜 밖에 없음을 보게 된다. 하나님이 사람의 양심을 다루실 때까지, 사람은 결코 영적인 이해를 가질 수 없다. 또한 육신을 제대로 평가하는 영적인 안목이 생길 때까지, 그리스도인은 하나님을 이해할 수 있는 능력을 소유하지 못한다.

내가 주 예수 그리스도의 위격을 계시로 알게 되었을 때, 내가 필요로 하는 모든 것을 내가 이미 소유하고 있다는 것을 알 수 있었다. 왜냐하면 모든 것이 그리스도 안에 있기 때문이다. 즉 사랑, 능력, 거룩이 다 그리스도 안에 있다. "내가 주는 물을 마시는 자는 영원히 목마르지 아니하리[라]"(요 4:14) 자신이 죄인임을 발견한 사람은 아직 샘물을 소유하고 있는 것은 아니나, 영적 각성의 과정이 진행되고 있는 것이다. 이 샘물을 자신의 마음 속에 받아들이려면, 죄에 대한 각성이 먼저 있어야 한다. 사마리아 여자는 하나님의 임재 가운데서 영혼의 각성이 일어나고 있었다. 우리도 만일 이렇게 하나님의 임재 안에 있고, 그 가운데 살아간다면, 그렇다면 우리는 죄를 짓지 않을 것이다.

사마리아 여자는 생수에 대해서 대화를 나누는 동안 자신의 생각이 자연스럽게 흘러나왔다(11,12절). 그리고 그리스도는 "내가 주는 물은 그 속에서 영생하도록 솟아나는 샘물이 되리라"(14절)고 말씀하신다. 죄가 세상에 주는 것을 사용하면, 곧 고갈될 것이며 그 힘도 쇠하여질 것이다. 그 샘은 곧 마를 것이다. 하지만 영적인 것들은 그와는 정반대이다. 사용하면 할수록 더 많이 얻게 된다. "있는 자는 [더] 받을 것이요"(막 4:25) 더 받게 되므로 부족을 느낄 수 없게 된다. 마찬가지로 자신이 가져보지 못한 것을 갈망할 수는 없는 법이다. "영원히 목마르지 아니하리니"(14절) 생수에 대한 갈망 또는 필요성은 더욱 커져가지만, 그럼에도 다시는 목마름을 느끼지 않게 된다. 영혼이 딱딱한 껍질에 둘러싸여 있을 때에는 겸손해질 필요가 있다. 반면 그리스도인의 자연스러운 영적인 상태는 계속해서 영적인 갈증을 해갈해가는 것이며, 그에 따라 더욱 받게 된다. 그러다가 육신 상태에 떨어지면 다시 목마르게 된다. 만일 거듭난 그리스도인이 자기 영혼의 밑바닥까지 떨어졌다면, 다시 샘물을 찾게 될 것이다. 이때에는 샘물을 소유하는 문제가 아니라, 영혼 속에 샘물을 보충하는 문제이다.

134

샘물이 있는 곳에 안식과 능력이 있다. 우리는 이제 영원히 끊어질 수 없는 분 안에서 영생을 얻었을 뿐 아니라, 우리 속에 물의 샘(a well of water)을 소유하게 되었다. "그 속에서 영생하도록 솟아나는 샘물이 되리라"(14절) 이것은 하나님에게서 내려오는 능력을 담을 수 있는 샘 또는 우물 자체*를 가리킨다. 천국이 내 마음의 샘

속으로 들어왔다. 우리 속에 들어온 이 신성한 생명의 능력을 통해서 우리는 아버지와 아들과 함께 하는 사귐 속으로 들어가게 된다. 하나님 안에 있는 모든 것이 이제 내 속에 있기에 아무런 부족함이 없게 되었다. **하나님의 선물인 생명에 속한 모든 것을 소유하게 된 것이다. 중요한 점은 샘물이 개인 속에 있게 된 사실이다. 이제 거듭난 사람의 영혼 속에 영생하도록 솟아나는 샘이 있다. 하나님 안에 있는 모든 것과 개인을 연결시키는 능력이 주어진 것이다. 사람은 그것을 목마른 사람처럼 마심으로써 자기 속에 받아들인다. 그러면 그것은 하나님 안에 있는 모든 것에 그 사람을 동참시키는 샘이 된다. 이제 하나님과의 교통이 일어나고, 하나님께 속한 것들에 대한 영적인 이해를 가지게 된다.**

이것은 외적인 선물이 아니라, 아버지와 아들이 가지고 있는 모든 것을 품을 수 있는 영혼 속에 살아 역사하는 내적인 능력이며, 영생에 이를 때까지 끊임없이 솟아나도록 사람의 인격 속에 각인되

---

*역자 주: 우리 성경은 샘물로 번역되었으나, 영어성경은 물을 담을 수 있는 샘(a well of water) 자체를 가리키고 있다. 요한복음 3장에서는 거듭남과 거듭남의 결과로, 새로운 본성(신의 성품)과 새로운 생명(영생)을 얻은 사실이 제시되어 있다. 요한복음 4장에서는 거듭난 사람 속에 영생하도록 솟아나는 신적인 능력을 주시는 것이 소개되어 있다. 즉 이 샘은 성령님을 마음 속에 받아들일 수 있는 자리를 확보하는 것에 대한 비유이다. 다비는 이 샘을 거듭난 사람 속에 자리잡은 신적인 능력(the power of divine life) 또는 성령의 능력(the power of the Spirit, not the personality of the Spirit)으로 설명하고 있다. 신자 속에 내주하기 위한 인격체로서 성령의 임재는 요한복음 7장에서 소개되고 있다(요 7:39 참조). 성령님은 예수님이 영원 속죄를 이루시고 영광을 받으신 후에 신자 속에 영원히 내주하시기 위해서 오순절에 임하셨다. 이렇게 전개되어 가는 거듭남과 성령님 사이의 관계에 대한 하나님의 지혜의 정확성과 순서에 주목하라.

는 것이다. 이렇게 영원한 것들이 영생을 가진 사람에게 속하게 되는데, 이는 그 모든 하늘에 속한 것들을 누리게 하기 위한 것이다. 하나님의 아들이 우리에게 주신 신성한 물(능력)은 "영생하도록 솟아나는" 것이다.

로마서 8장에서 성령님은 생명과 능력으로 소개되어 있다. 생명의 숨(호흡)이 첫째 아담에게 들어감으로, 그는 생령(a living soul)이 되었다. 마찬가지로 우리는 "그리스도 예수 안에 있는 생명의 성령"을 소유하고 있다. 생명이 온 후에, 능력이 온다. 이것은 총체적인 의미에서 (죄들 뿐만 아니라) 죄 자체에 대한 선고가 내려진 것의 결과이다. 십자가에서 그리스도는 육신 속에 있는 죄를 정죄하셨다. 하나님은 (단수의) 죄 문제를 해결하셨고, 그리스도의 위격 안에서 죄를 심판하셨다. 육신과 죄는 별개의 사안이었으나, 십자가에서 순간적으로 연결되었다. 죽었던 내 영혼이 다시 살리심을 받자 마자, 새로운 질문이 왔다. 육신 속에 있는 죄는 어떻게 없이 할 것인가? 하나님은 이미 그 죄를 처리하셨다. 우리가 지은 죄들 뿐만 아니라 우리 속에 역사하는 원리로서의 죄도 해결하신 것이다. 그렇게 죄의 뿌리와 줄기 모두 처리하셨다. "육신을 따르는 자는 육신의 일을, 영을 따르는 자는 영의 일을 생각하나니"(롬 8:5) 이제는 성령을 따르고자 하는 욕구가 있을 뿐만 아니라 실제로 성령을 따라 행하는 능력도 가지게 되었다. "육신을 따르지 않고 그 영을 따라 행하는 우리에게 율법의 요구가 이루어지게 하려 하심이니라"(롬 8:4) 성령님은 새로운 본성의 원천이실 뿐만 아니라, 이 새로운 본성으로 하여금 새로운 본성이 지향하는 대상과 활력있는 연결을 갖게 해주는 능력이시다. 따라서 내 속에는 한편으로는 육신을, 다른 한편으로는 새로운 본성을 가지고 있으며 또한 새로운 본성 안에서 성령님을 소유하고 있다. 하나님은 그리스도의 죽음과 부활을 통해서 육신 속에 있는 죄를 심판(또는 정죄)하셨다. 성령님이 내주하시는 영혼은 이러한 아버지와 아들의 계시를 받는다. 이제 그리스도께서 옛 사람(육신)을 처리하셨기 때문에, 이제 성령님은 새로운 본성을 토대로 해서 능력으로 역사하신다. 이것은 성령님이 발람에게 임하신 방식과는 달리, 신자가 그 영혼이 다시 살리심을 받은 이후에 성령님을 받는 방식을 보여준다. "너희가 육신에 있지 아니하고 영에 있[다]"는 것은 나를 새로운 자리, 즉 내가 하나님 앞에서 어떤 존재인가에 근거하고 있는 자리가 아니라 하나님이 나에게 어떤 존재인가에 근거하고 있는 자리에 넣어주었다는 의미이다. 그렇다면 이제 우리가 들어간 곳은, 바로 아버지께서 예수님을 사랑하시는 것과 똑같이 아버지께서 나를 사랑하시는 자리이다. 그 자리가 바로 우리의 위치(position)이며 우리의 자리(standing)이다. 이제 나는 성령님이 사시는 생명 외엔 다른 아무 생명도 알지 못한다. 왜냐하면 내 속에 내주하시는 성령님이 아버지와 아들과 함께 하는 생명으로 연결되어 있기 때문이다. 그렇다면 신자는 죄나 마귀에 속한 것이 아니라, 영과 혼과 몸이 하나님에게 속해 있는 것이다. 이제 "성령님은 의로 말미암아 살아 역사하는 생명이[시며]"(롬 8:10) 게다가 하나님은 "너희 안에 거하시는 그의 영으로 말미암아 너희 죽을 몸도 살리[실 것이다]"(롬 8:11) 그리스도인이 그리스도와 함께 장사되었다는 것은 자기 몸을 무덤에 묻은 것이 아니라, 몸을 구속하신 하나님께 헌신한 것이다.

135

14절. "무릇 하나님의 영으로 인도함을 받는 그들은 곧 하나님의 아들이라"(롬 8:14) 새로운 관계가 시작된다. 즉 하나님의 아들이 되는 것이다. "무릇 하나님의 영으로 인도함을 받는 사람은" 만일 성령으로 인도함을 받고 있다면, 나는 아들이며, "양자의 영"을 받은 것이다. 나는 그리스도와의 전적인 연합 속으로 들어왔다. 나는 하나님의 아들이며 양자의 영을 받았다는 의식을 가지고 있다. "성령이 친히 우리의 영과 더불어…증언하시나니" 우리는 주권적인 은혜를 통해서 아들의 자리에 서있다. 이는 우리가 그렇게 생각하기 때문이 그런 것이 아니라, "믿음으로 말미암아 그리스도 예수 안에서 하나님의 아들이 되었기"(갈 3:26) 때문이다. 성령으로 인도받는 사람은 "나는 내가 구원받았는지 모르겠다.", "내가 구원받았다는 것이 의심이 들곤 한다.", "구원 받았으면 좋겠다."고 말할 수 없다. 성령님은 우리 마음 속에 구원의 확신을 주시며, 또한 하나님을 아버지로 고백하는 관계의 복된 감정을 더하여 주신다.

대제사장이 하나님의 존전 앞으로 나아갔을 때, 빛이 흉배에 기록된 이름들을 비추었다. 그것은 하나님과의 느슨한 관계(inferior relationship)를 말해준다. 하지만 이제 하나님과 우리의 관계는, 아버지께서 예수님을 기뻐하시듯 우리도 기뻐하시는 그와 동일한 친밀한 관계이다. 성령으로 말미암아 하나님의 사랑이 마음에 부은 바 되었다. 따라서 하나님의 성령께서 내 마음 속에 실제로 거하신다면, 하나님의 사랑도 마음 속에 있다. 성령님은 우리 속에 존재하시는 방식으로 사랑을 부어주신다. 마찬가지로 그리스도께서도 마음 속에 존재하심으로써, 자신의 사랑을 우리 마음에 부어주신다.

다시 말해서, 성령님이 우리 속에 내주하신다면 탄식하는 피조물의 고통을 감지하게 된다. 만일 우리가 우리 마음을 그리스도의 사랑으로 가득하게 해서 세상을 통과한다면, 새로운 슬픔이 촉발될 것인데, 이러한 슬픔은 성급함에서 나오는 것이 아니라 사랑의 마음에서 나오는 것이다. 그리스도는 사랑의 역사를 이루셨는데, 죽음까지도 감수하는 방식으로 사랑의 역사를 이루셨다. 그리스도는 항상 슬픔 가운데 계셨는데, 그 이유는 그리스도는 사랑으로 충만하셨기 때문이다.

136
인자는 슬픔에 익숙한 분이셨다. 영혼의 고통 뿐만 아니라 슬픔도 느끼셨다. 슬픔이 예수님의 마음을 적셨다. 주님은 나사로를 다시 살리실 능력이 있었지만, 그럼에도 나사로의 무덤 앞에서 심령에 비통함을 느끼셨다. 만일 우리에게도 죽은 사람을 다시 살릴 수 있는 능력이 있다면, 우리는 기쁨으로 그 일을 하고자 할 것이다. 그렇게 함으로써 가족들에게 위안을 주고자 할 것이다. 하지만 예수님은 피조물의 고통을 감지하셨기 때문에, 자신도 고통스러워하셨던 것이다.

"오직 성령이 말할 수 없는 탄식으로 우리를 위하여 친히 간구"(롬 8:26)하심으로써 우리를 하나님의 사랑과 함께 하는 사귐 속에 넣어준다. 내 속에 내주하시는 성령님은 나로 하여금 슬픔 가운데서도 사랑을 실제적인 것으로 느끼도록 해주신다. 이기심 대신에 주변에 있는 것들을 인지할 수 있는 영적인 감각을 일으키신다. 성령님은 피조물이 겪고 있는 슬픔을 함께 느끼도록 역사하시며, 동시에 그리스도의 겸손 속에 나타난 하나님의 완전한 사랑과 나를 연결시키심으로써 나의 연약함을 도우신다. 그리스도 안에서 우리에게 주신 바 된 성령님은, 우리의 모든 필요를 채우시기 위해서 내려오신 하나님이시다. 이 성령님의 역사로 피조물의 탄식을 체휼하는 감각을 가지게 되면, 우리는 신자들이 탄식하고 있는 슬픔과 죄 문제로 다시 돌아온다.

요한복음 4장, 우물가의 여인은 자신이 속해 있는 피조물에 대한 자각을 가지고 있었다. 그녀는 죄를 이길 수 있는 힘이 없었다. 어쩌면 죄로 인해 시달리고 있었을 것이다. 그래서 낮 시간, 그것도 아무도 물 길러 오지 않는 시간에 물을 길으러 나아온 것일 것이다. 수치심 때문에 사람들의 눈을 피해 그리했을 것이다. 그러므로 자신이 이처럼 엄청난 순간을 맞이할 줄은 꿈에도 생각지 못했다. 그래서 생수를 얻자마자, 사마리아 여자는 마을에 들어가 사람들에게 알렸다. 마찬가지로 우리 또한 우리를 구원하신 사랑을 가지고, 우리를 건져낸 세상으로 돌아가야 하리라.

"성령도 우리의 연약함을 도우시나니"(롬 8:26) 우리 자신도 우리의 원하는 것을 정확히 알지 못할 수가 있다. 하지만 우리 속에 내주하시는 성령님은 정확히 아신다. "마음을 살피시는 이가 성령의 생각을 아시나니"(롬 8:27) 만일 하나님이 우리 마음을 살피신다면, 하나님은 거기서 무엇을 발견하실 것 같은가? 많은 죄를 발견하실 것인가? 아니다. 하나님은 우리 마음 속에서 갈망을 발견하실 것이다. 따라서 "성령이 하나님의 뜻대로 성도를 위하여 간구"(롬 8:27) 하시는 것이다. 무엇을 기도해야할지 알지 못하는 가련한 피조물을 대신해서 성령님이 간구하신다. 성령님은 모든 탄식을 가지고 대신 간구하신다. 내가 기도로 토해내는 모든 탄식은, 성령님이 하나님의 뜻대로 간구하는 것이기 때문에, 슬픔 가운데서도 복을 불러오는 강력한 도구가 된다. 우리 속에 있는 샘물은, 이 얼마나 복된 것인가! 이러한 탄식은 자아 만족을 위해서 부르짖는 탄성이 아니라, 이 메마른 세상에서도 하나님의 복된 임재를 경험하게 해주는 신령한 경험이며, 아직 자유를 얻지 못한 몸 안에 갇혀 있지만 성령의 능력에 의해서 이기심은 사라지고, 여전히 이러한 몸을 가지고 있으면서도 온 피조물을 대신해서 간구하는 그릇으로 쓰임 받게 해주는 신적인 도구인 것이다. 우리가 영광으로 가는 노정에 있다는 생각만으로도 우리 자신이 겪고 있는 현재적인 모든 고통은 눈 녹듯이 사라진다. 그리스도께서는 피조물이 겪고 있는 슬픔을 느끼셨을 때 그 마음은 비통함을 느끼셨다. 그리스도는 우리 마음이 거기에 대해 냉담해지거나 또는 무관심해지는 것을 원치 않으신다. 또는 우리 마음이 이기적으로 변하기보다는 고통 받고 있는 사람들을 향해 동정과 연민을 나타내길 바라신다. "너희에게 본을 끼쳐 그 자취를 따라오게 하려 하셨느니라"(벧전 2:21)

| 5장 요약 |

하나님은 주권적인 은혜로 역사하신다. 그리스도는 은혜로 겸비의 자리로 내려오셔서 우리에게 하나님의 선물을 소개하신다. 하나님의 선물을 받으려면 양심이 작동되고 죄에 대한 각성이 일어나야 한다. 그리스도를 알고 하나님의 선물을 구하는 자에게 그리스도는 샘물을 선물로 주신다.

이 샘물은 하나님에게서 내려오는 능력을 담을 수 있는 우물 자체이다. 천국이 신자 속으로 들어오는 것이며, 생명에 속한 모든 것을 소유하게 되는 것이다. 이제 신자의 영혼 속에 영생하도록 솟아나는 영적인 실제를 소유하게 되었기에 하나님 안에 있는 모든 것을 연결시키는 능력을 소유하게 되었다. 이제 하나님과의 교통이 일어나고, 하나님께 속한 것들에 대한 영적인 이해를 가지게 된다.

Chapter 6
요한복음 7장
생수의 강
Rivers of Living Water

138

요한복음에서 우리는 유대인들을 향한 메시아에 대한 증거와 왕국에 대한 메시지를 발견할 뿐만 아니라 그리스도의 위격에 대한 영광스러운 진리를 보게 된다. 그럼에도 그리스도를 거절한 유대 백성들을 생각해보면, 심판 날에 소돔과 고모라 땅이 그 성보다 견디기 쉬울 것이다.

이전 여러 장에서 우리는 주님이, 아브라함의 아들로, 다윗의 아들로, 인자와 메시아로, 종으로, 완전한 이스라엘 사람으로 제시되어 온 것을 알고 있다. 이러한 그리스도를 거절한 세대는 율법을 깨뜨렸을 뿐만 아니라 약속도 저버린 것이다. 아브라함의 후손이었던 그들은 아브라함의 하나님을 대적한 반역자들이 됨으로써, 약속의 자녀라는 그 높은 지위에서 떨어져 이제 은혜를 통해서만 약속에 참여하는 이방인과 같은 처지가 되었다. 하나님은 자신의 말씀에 신실하신 분이시다. 이것은 사실이다. 그들은 이제 오직 자비하심을 인해서만 구원받을 수 있는 위치로 떨어졌다. 요한복음은 그리스도에 대한 역사적인 기록을 제공할 목적으로 기록된 책이 아니다. 그래서 족보는 없고, 대신 창세기의 처음 시작 부분으로 우리를 데리고 간다. 다른 복음서들보다 더 깊고, 더 높고, 더 멀리 있는 그리스도의 영광에 대한 진리, 즉 그리스도께서 성육신하신 말씀으로 우리 가운데 거하시기 전, 영원 전에 가졌던 영광에 대한 진리에 이르게 해준다. 이것은 우리에게 참으로 복된 일이다. 왜냐하면 우리는 그리스도 안에 있는 영생을 가지고 있기 때문이다. 그 안에 생명이 있었다. 이제 우리가 소유하고 있는 것은 약속이 아니라, (물론 약속에 참여하고 있지만) 약속하시는 하나님 자신이시다. 이처럼 복된 분이 바로 우리의 생명이 되셨다. 세상이 시작되기 전에 존재했던 생명이 우리의 생명이 된 것이다. 그리스도는 이전 영광을 가지고 계셨다. 이러한 그리스도의 위격의 영광은 이제 어디서 찾아볼 수 있는가? 그리스도께서 이루신 구속의 역사로 구원받은 백성에게서 그 영광은 나타날 것이다. 그리스도는 자기 백성에게 오셨지만 그들은 영접하지 않았고, 오히려 주님을 망령된 사람처럼 취급했다. 그리스도께서 완전히 거부당하실 때까지, 하나님은 사람을 시험하셨다. 하나님은 사람을 율법이 없는 상태에 두셨고, 율법 아래 두셨으며, 또한 제사장과 선지자들을 주셨다. 그리고 때가 차매 자신의 독생자를 보내셨다. 하지만 이 모든 것이 다 부질없는 일이었다. 그들은 그리스도를 존중했는가? 그렇지 않았다. "이는 상속자니 죽이고 그 유산을 우리의 것으로 만들자"고 말했다. 이것은 다음 구절이 매우 혹독스럽지만 참으로 진리임을 밝혀준다. "육신의 생각은 하나님과 원수가 되나니 이는 하나님의 법에 굴복하지 아니할 뿐 아니라 할 수도 없음이라"(롬 8:7)

사람은 (그리스도 없이는) 하나님의 거룩을 소유하지 못할 뿐만 아니라, 하나님의 사랑도 소유하지 못한다. 이제 하나님은 자기 아들의 죽음을 통해서 죄를 없이 하심으로써 전혀 새로운 것, 즉 생명의 샘을 소개하신다. 죄를 위해 죽으신 그리스도는 모든 것을 정복하시고 하나님 우편에 앉으셨으며, 우리로 하나님 앞에서 합당히 행할 수 있는 능력을 주시기 위해서 약속된 성령을 보내주셨다.

139
요한복음 6장에서, 우리는 자기를 따르는 무리들을 (제자들을 포함해서) 먹이시는 그리스도를 본다.

유대인들이 항상 지켜온 중요한 절기에는 세 가지가 있다. 유월절, 오순절, 그리고 초막절이다. 이 초막절은 포도 수확기가 예시되어 있으며, 한때는 초막에 거했으나 지금은 안식 가운데 들어온 백성들의 모습이 모형적으로 나타나 있다. 그리스도는 광야에서 그들에게 양식을 주어 먹이셨지만, 그들과 함께 이 절기에 들어오실 수는 없었다. 왜냐하면 그리스도께서 이 땅에서 누리는 안식으로 들어오시기 전에, 구속의 역사가 먼저 성취되고 또한 교회가 휴거되어야만 했기 때문이다. 그러므로 주님은 "내 때가 아직 차지 못하였으니 나는 이 명절에 아직 올라가지 아니하노라"(요 7:8)고 말씀하셨다. 형제들은 올라가도록 하셨지만, 정작 주님 자신은 자신의 영광을 선언하실 수 없었기에 자기 안식에 들어갈 수 없으셨다. 하지만 제 팔 일째 되는 날에는, 안식이 임할 것이다. 그 후에 주님은 초막절을 지키실 것이고, 하나님의 거룩한 안식은 땅에 임할 것이며, 하나님의 교회는 영광 중에 있게 될 것이다.

우리는 성령님이 세 가지 방식으로 소개되는 것을 볼 수 있다. 첫째, 처음부터 끝까지(from the beginning to the end) 구원받은 모든 사람은 성령으로 난 사람들이다. 둘째, 그들 속에 있는 성령은 영생하도록 솟아나는 샘물이시다. 셋째, 그 배에서 생수의 강이 흘러날 것이다.

성경은 "그 안에서 너희도 진리의 말씀 곧 너희의 구원의 복음을 듣고 그 안에서 또한 믿어 약속의 성령으로 인치심을 받았으니"(엡 1:13)라고 말씀하고 있다. 하지만 아직 성령님이 임하지 않으셨다. 왜냐하면 성경은 그 이유를 "(예수께서 아직 영광을 받지 않으셨으므로 성령이 아직 그들에게 계시지 아니하시더라)"고 밝히고 있기 때문이다. 제자들이 성령을 받기 위해서는 먼저, 구속의 사역이 완성되어야 했으며, 또한 예수님이 영광을 받으신 사람으로서 하나님의 우편에 앉으셔야만 했음을 주목하라. 누가 영광을 받으시는 것인가? 사람이신 그리스도이시다. 어째서 그러한가? 죄가 제거되어야만 했다. 그렇다. 사람의 아들(인자)이신 예수님은 영광을 받으셨다. 하나님의 아들이신 그리스도는 이미 영원 전부터 영화로운 분이셨다. 하나님은 아들의 역사로 그렇게 영광을 받으셨다. 어떻게 사람의 아들이 하나님을 영화롭게 했는가? 십자가에서 나의 모든 죄를 대신해서 고통을 받으심으로써 하나님을 영광스럽게 해드렸다. 하나님의 심판은 완전히 집행되었고, 하나님은 그 진노를 담당하신 사람이신 그리스도 예수를 통해서 완전히 영광을 받으셨다. 이렇게 영화롭게 된 사람이신 그리스도의 높아짐은 나의 죄가 완전히 제거되고 해결되었다는 증거이다. 하나님은 이제 나의 죄에 대해서 무엇이라고 말씀하시는가? "저희 죄와 저희 불법을 내가 다시 기억지 아니하리라"(히 10:17)

"네가 먹는 날에는 반드시 죽으리라 하시니라"(창 2:17)고 말씀하신 하나님의 진리가 드러나고, 또 "너희가 결코 죽지 아니하리라"(창 3:4)고 말한 사단의 거짓말이 입증된 것은 어디에서 된 것인가? 바로 그리스도께서 죽으신 십자가에서 된 것이다. 하나님은 사랑이시다. 하나님의 엄위, 하나님의 거룩, 그리고 하나님의 사랑이 십자가에서 집합적으로 만났다. 그리고 죄의 문제는 해결되었다. 인자가 영광을 받았다. 하나님 아버지, 아들, 그리고 성령께서 모두 나의 죄를 해결하는 일에 관여하셨다. 이 얼마나 든든한 버팀목인가! 모든 죄가 사해졌으므로, 더 이상 양심의 고통도 없다. 그리스도께서 그 모든 죄를 깨끗하게 처리하신 것이다. 우리에게 한 가지라도 죄가 남아 있다면, 그리스도는 우리를 하나님의 존전 앞으로 데려가실 수 없다. 하지만 주홍 같은 죄를 눈과 같이 희어지게 해주셨다. 그리스도는 죽기까지 복종하셨고, 이로 인해서 모든 것을 해결했으며, 이제 가련한 죄인에게 능력을 주신다. 이제 나는 하늘 영광의 자리에 그리스도께서 계시며, 하나님의 우편에 앉아 계신 것을 알기에, 또한 나의 선두주자로 그곳에 계신 것을 알기에, 거룩한 자유를 만끽하면서 하나님의 존전 앞으로 나아갈 수 있다. 나는 그곳에 들어갈 수 있는 완전한 의, 완전한 사랑, 그리고 완전한 순종을 가지고 있다. 이 얼마나 큰 위안과 큰 기쁨인가! 당신에게 단 하나의 죄라도 남아있다면, 당신은 결코 하나님의 존전으로 나아갈 수 없을 것이다. 그것이 가능하다고 생각한다면, 그것은 어리석고도 미친 짓에 불과하다. 용서되지 않은 단 하나의 죄가 있다면 당신은 하나님을 기뻐할 수 없게 된다. 그렇다면 우선적으로 완전하게 깨끗하게 될 필요가 있다. 그리스도의 피는 모든 죄를 깨끗하게 해준다. 그래서 하나님의 존전 앞에서 우리 영혼으로 하여금 하나님을 기뻐하게 해준다. 우리는 이제 "우리 주 예수 그리스도로 말미암아 하나님 안에서 또한 즐거워[한다.]"(롬 5:11)

140

영화롭게 되신 예수님, 하늘의 영광스러운 보좌에 앉아계신 예수님은 우리로 하나님과 사귐을 가질 수 있는 능력으로서 보혜사를 보내셨다. 그리스도께서, 땅에서 구속하신 사람들과 함께 하나로 연합하여 차지하신 영광스러운 자리를 보라. 부활이 있기 전, 주님은 결코 제자들을 "형제"(요 20:17)라 부를 수 없었으며, "너희에게 평강이 있을지어다"(요 20:19)라고 말할 수 없으셨다. 주님은 "두려워 말라"고 말씀하셨다. "내 것은 다 아버지의 것이요 아버지의 것은 내 것"(요 17:10)이라고 하신 모든 것은 이제 그리스도 안에서 우리의 것이 되었다. 우리는 그리스도의 의를 소유하고 있으며, 복된 소망을 고대하고 있다. 우리는 보증을 가지고 있으며, 기업을 기다리고 있다. 우리는 우리 마음에 부은 바 된 하나님의 사랑을 가지고 있다. 우리가 크고 높으신 하나님의 거룩, 능력, 그리고 사랑을 볼 때, 그 하나님이 나의 아버지시라는 생각만으로도 우리 마음은 얼마나 벅차오르는가? 자기 아들을 사랑하신 그 사랑으로 하나님은 나를 사랑하신다. 어느 때나 하나님을 본 사람이 없지만, 우리는 아들을 통해서 아버지께서 어떤 분이신지를 배운다. 우리는 그리스도를 통해서 신성의 충만이 흘러넘치는 것을 본다. 우리는 이 반석이신 그리스도에게 와서 마셔야한다. 보는 것으로 충분하지 않다. 우리는 그리스도에게서 생수를 길어내야 한다. 그렇다면 그리스도에게서 흘러나오는 것을 통해서 하나님이 어떤 분이신지를 아는 지각을 가지게 될 것이다. 진리가 우리에게 가져다주는 이 얼마나 놀라운 선물인가! 우리는 하늘에서 그리스도와 하나 되었다. "그는 몸인 교회의 머리시라" (골 1:18) 우리는 이제 그리스도와 생생한 연합을 이루고 있다. 하나님은 우리를 위하시고, 그리스도는 우리 안에 계시며, 성령님은 우리를 인치셨다. "누구든지 목마르거든 내게로 와서 마시라" (요 7:37)

우리가 반드시 기억해야 할 것은, 우리는 다른 사람들을 대신해서 마실 수 없으며, 다른 사람은 우리를 대신해서 마실 수 없다는 점이다. 나 스스로 목마름을 느껴야 하며, 나 자신의 목마름을 가지고 그리스도에게로 나아가야 한다. 무언가 마시려면, 우선 목마름을 느껴야 한다. 혹 우리 마음 속에 그리스도께서도 채울 수 없는 욕구가 있는가? 없다. 그리스도께 가서도 충족될 수 없는 영적인 필요나 위안이 있는가? 없다. 그렇다면 목마른 사람들이여, 그리스도에게로 나아가라. 이제 영적인 필요가 있고, 그 필요를 느끼고 있다. 그렇다면 그 필요는 그리스도에게로 이끄는 촉매제이다. 그렇다면, 그것이 무엇이든지, 그리스도는 "내게로 와서 마시라"고 말씀하신다. "네가 만일 하나님의 선물과 또 네게 물 좀 달라 하는 이가 누구인 줄 알았더라면 네가 그에게 구하였을 것이요 그가 생수를 네게 주었으리라"(요 4:10) 사랑하는 친구들이여, 그리스도께서 우물가에 앉아 계신 것을 상상해보라. 그렇다면 우리 중 누구라도 열린 마음으로 그분에게 기쁘게 나아가서, 우리의 모든 필요를 채워주시도록 해야 하지 않겠는가? 주님은 결코 거절하지 않으실 것이다. 주님은 사마리아 여자의 필요를 알고 계셨고, 그녀 자신이 깨닫고 구할 때까지, 그리고 주님이 그것을 충족시켜주실 때까지 포기하지 않으셨다. 우리 또한 가련한 죄인들을 돕는 유용한 전도자들이 되려면, 그리스도처럼 해야 한다. 어째서 우리는 그들을 돕는 일에 그토록 도움이 되지 않는 것인가? 그것은 혹 은혜 가운데 그들만큼 충분히 자신을 낮추지 않기 때문이 아닐까? 그리스도께서 그들의 수준까지 내려가신 겸손의 자리를 생각해보고, 그리스도를 본받도록 하자. 그렇게 함으로써 이 은혜의 참여자가 되고, "누구든지 목마르거든"이란 말씀을 늘 기억하도록 하자.

141

요한계시록 22장에서, 우리는 또 다른 생명수에 대한 구절을 보게 된다. 이제 이 생명수를 우리 속에 소유하고 있기에, 우리는 "원하는 자는 값없이 생명수를 받으라"(계 22:17)고 말하는 위치에 들어왔다. 우리는 우리 속에 성령님을 모시고 있으며, 또한 생명수를 소유하고 있다. 우리는 아직 신랑을 만나지 못했고 다만 신랑을 기다리고 있다. 우리는 신부로서 혼인하는 날까지 하나님의 은혜와 하나님의 사랑을 의지하고 있다. 이제라도 자신을 예수님의 피에 적시는 사람은 누구나 생명수를 값없이 받는다.

| 6장 요약 |

　제자들이 성령을 받기 위해서는 먼저, 구속의 사역이 완성되어야 했으며, 또한 예수님이 영광을 받으신 사람으로서 하나님의 우편에 앉으셔야만 했다. 그리스도는 죄를 제거하셨고, 이제는 영광을 받으셨다.

　영화롭게 되신 예수님, 하늘의 영광스러운 보좌에 앉아계신 예수님은 우리로 하나님과 사귐을 가질 수 있는 능력으로서 보혜사를 보내셨다. 목마른 사람은 그리스도에게 와서 마셔야한다. 보는 것으로 충분하지 않다. 자신이 직접 그리스도에게서 와서 생수를 길어내야 한다. 그렇다면 그리스도에게서 흘러나오는 것을 통해서 하나님이 어떤 분이신지를 아는 지각을 가지게 될 것이다.

　우리가 반드시 기억해야 할 것은, 우리는 다른 사람들을 대신해서 마실 수 없으며, 다른 사람은 우리를 대신해서 마실 수 없다는 점이다. 나 스스로 목마름을 느껴야 하며, 나 자신의 목마름을 가지고 그리스도에게로 나아가야 한다.

Chapter 7
요한복음 8장 58절
아브라함이 나기 전부터 내가 있느니라
Before Abraham was, I am

142

유대인들은 유대교가 담고 있는 진리가 아니라, 다만 표면상 겉으로 드러난 외양에 몰두함으로써 영적인 무지 속에 갇혀 있었다. 이것은 **하나님의 마음에 따라 하나님과 하나님께 속한 것들을 추구하기 보다는 하나님께 속한 것들을 사람의 이성으로 추구할 때 봉착하게 되는 근본적인 오류이다. 정확하게 말하자면, 이것이 바로 현재 교회의 상태이다.** 예수님과 유대인들 사이에는 해결할 수 없는 큰 문제가 놓여 있었다. 그것은 그들이 예수님이 진정 누구신지를 인식해야만 하는 문제였고, 예수님 속에 항상 아버지를 향해 가지고 계신 하나님을 향한 신실성을 볼 수 있어야 풀릴 수 있는 문제였다. 그러므로 유대인들은 "네가 아직 오십도 못되었는데 아브라함을 보았느냐?"(요 8:57)고 말했다. 그들은 겉으로 보이는 것에만 집착했고, 그 너머를 보지 못했다. 인간적인 측면에서, 유대인들의 생각은 어느 정도는 옳았다. 하지만 양심의 측면에서 보면, 그들은 전적으로, 도덕적으로 잘못되었다. 곧 하나님이 없는 상태에 있었던 그들은 하나님만이 보여주실 수 있는, 도덕적으로 파멸된 상태 가운데 있었다. 이제 그들은 그리스도의 순수한 인성을 통해서 인간의 참된 도덕성이 무엇인지 볼 수 있었다. 반면 자신들은 영적 어두움 속에 있는 것을 볼 수 있었다. 진리이신 우리 주님은 오직 빛만을 비추실 뿐이었다. "진실로 진실로 너희에게 이르노니 아브라함이 나기 전부터 내가 있느니라"(요 8:58) 너희는 나의 존재, 나의 본질을 정녕 알지 못한다. "진실로 진실로 너희에게 이르노니 아브라함이 나기 전부터 내가 있느니라" 위대한 진리가 선언되었다. 모든 것의 지주가 될 만한, 매우 근본적이고 필수적이며 영원한 진리이다. 이 진리가 없다면, 사람을 구속하여 하나님께로 되돌릴 방법이 없을 만큼 중요한 진리이다. 이 말씀이 정녕 진리가 아니라면, 어떻게 사람이 파멸상태에서 회복될 수 있을까? 과연 한 줌 흙에 불과한 사람이 구속자가 될 수 있을까? 아니면 흙에서 나온 사람 가운데서 구속자가 나오길 기다려야 할까?

위대한 진리가 선포되었다. 이것을 막을 수 있는 것은 없다. 구주 존재의 필요성을 말해 무엇하랴? 이것을 거짓으로 돌릴 수는 없지만, 다만 억지로 부인하고 부정할 수는 있다. 유대인들은 이것을 참람한 말로 생각했고, 그래서 하나님을 향한 열심으로 돌을 들어 치고자 했다. 예수님을 공개적으로 거절한 것이다. "저희가 돌을 들어 치려 하거늘 예수께서 숨어 성전에서 나가시니라"(요 8:59) 구주를 십자가에 못박는 패악무도한 짓을 저지를 때는 아직 오지 않았다. 예수님의 때가 아직 오지 않은 것이다. 하지만 이 무슨 상황이란 말인가! 진리를 말씀하신 예수님과 격렬한 논쟁이라니! 당신은 "진실로 진실로 너희에게 이르노니 아브라함이 나기 전부터 내가 있느니라"는 말씀을 진리로 믿는가? 당신은 예수님이 "전능하신 하나님(I am)"이심을 믿는가? 만일 우리가 예수님께서 죽었다가 다시 사신 분이심을 믿을진대, 바로 거기에 구속(구원)이 있다. 예수님은 구속을 성취하러 오신 하나님이시다.

143

이것은 참으로, 진실하게, 하나님의 모든 역사의 중심을 이루고 있다. 이것은 우리에겐 참으로 경이롭기만 하다. 왜냐하면 구속의 역사를 통해서 죄인들을 택하시고 또 영광에 들어가도록 하시기 때문이다. 모든 죄인들에게 복이 되는 사랑스러운 일이다. 그렇다면 이 구속의 은혜를 거절하는 죄인들은 정죄받는 것이 마땅하다. "크도다 경건의 비밀이여, 그렇지 않다 하는 이 없도다 그는 육신으로 나타난 바 되시고 영으로 의롭다 하심을 입으시고 천사들에게 보이시고 만국에서 전파되시고 세상에서 믿은 바 되시고 영광 가운데서 올리우셨음이니라"(딤전 3:16) 따라서 가장 근본적인 진리는 여기에 있다. 바로 예수님은 "스스로 있는 자, 전능하신 하나님"이시다.

이 시대에 계시된 것, 그리고 유대인들에게 논쟁거리가 된 것이 요한복음 8장의 주제이다. 주님은 세상의 빛으로 오셨으며, 또한 인자로서 들림을 받으셔야만 했다. 생명의 능력으로 오신 아들이시며, 아들의 위격으로 오신 주님은 바로 여기서 참으로 위대한 자기 계시로서 "스스로 있는 자, 전능하신 하나님"으로 자신을 계시하신다. 이것은 모든 유대인의 소망을 성취하는 참된 진리이며, 이스라엘에게 주신 모든 약속의 근거로서 본질적인 특징을 담아내고 있는 말씀이다. "스스로 있는 자, 전능하신 하나님"으로 자신을 계시하신 예수님의 말씀이 주는 충격을 생각해보라. 사실 예수님이 이렇게 자신을 계시하신 실제 생각이 무엇인지 알 수 없지만, 여러 가지 가능성들을 연결해서 생각해볼 때 하나님의 모든 섭리는 성취된 모습으로 나타난다는 것이다. 이를 통해서 예수님은 참 하나님으로 존재하시면서도, 여전히 "하늘에 있는 인자"로서 말씀하신다는 것을 알 수 있다.

믿음을 선물로 받은 사람 외에는, 예수님의 위격(또는 신성)에 대한 진리를 이해하거나 깨달을 수 없다는 것이 얼마나 선명하게 나타나 있는가! 성육신의 완전성 앞에서, 모든 영혼은 성육신을 하나님의 참된 말씀으로 받아들이거나 또는 사랑 안에서 우리에게로 오신 하나님으로 영접할 책임 아래 놓여 있다. 모든 것을 관통하고 있는 사실, "스스로 있는 자, 전능하신 하나님"은 모든 것을 아우르는 말씀으로서 모든 논란을 즉시 종식시킨다. 우리는 하나님 앞에서 엎드리는 자가 되거나 아니면 대적하는 자가 되거나 둘 중 하나를 택하게 된다. 성경은 "아들에게 입맞추라!"고 말한다. 주 예수님께 입맞추라! 이것은 우리가 주 앞에서 취해야 하는 복종의 표시이다. "내가 주께 대하여 귀로 듣기만 하였삽더니 이제는 눈으로 주를 뵈옵나이다 그러므로 내가 스스로 한하고 티끌과 재 가운데서 회개하나이다"(욥 42:5,6) 과연 우리도 이렇게 예수님을 볼 수 있을까? 당신은 그렇게 예수님을 바라본 적이 있는가? 예수님은 스스로 있는 자, 전능하신 하나님이시다. 이것은 예수님 안에서 참된 진리이다. 우리가 믿기만 하면 거대한 불신의 산을 옮길 수 있다. 이것은 참으로 단순한 진리이다.

이 진리를 묵상할지어다. 내 영혼아! 그대가 아는 대로 자기 땅에 오셨지만 외국인과 나그네처럼 사신 예수님은 "스스로 있는 자, 전능하신 하나님"이시다. 그렇다면 예수님이 "스스로 있는 자, 전능하신 하나님"이라는 것 외에 모든 것에 대해서 죽은 자로 여기자. 나는 아무 말도 할 수 없는 상태로 서 있다. 나는 성경을 읽고 또 예수님과 대화하고, 예수님의 행적을 살피고, 종으로서 사신 예수님의 삶을 보면서, 바로 이 예수님이 "스스로 있는 자, 전능하신 하나님"이심을 본다. 나는 이제 주님의 길을 따르며, 주님의 은혜를 찬미한다. 그리스도는 다음 두 가지 것의 결합체이시다. 주님은 사람, 즉 거절당한 사람이시다. 나는 주님을 가장 감사하는 마음으로 바라본다. 그때 하나님의 임재를 느낀다! 그렇게 하면 인간의 생각, 경험, 판단, 관념들은 하찮은 것으로 보인다. 완전하신 하나님이 거기에 계셨지만, 하나님이 사람에게 버림을 받으셨다! 이것을 무엇으로 보충할 수 있을까? 이것을 깊이 생각해보고 나의 삶에 반영해보라. 지극히 높으신 하나님께 영광을! 아멘. 진리는 "스스로 있는 자" 예수님께 있다. 여기서 나는 안식을 느낀다. 여기에 나는 믿음의 닻을 내린다. 그리고 항상 여기로 돌아온다. 이것은 그야말로 모든 것 가운데 모든 것이다. 나는 침묵할 수 있지만, 이 구절은 여전히 아무 입술로도 표현할 수 없고, 아무 머리로도 생각할 수 없는 경이로운 진리를 말하고 있다. 우리가 배우게 될 것, 아마도 영원히 배우게 될 진리는 바로 여기에 하나님 자신의 존재의 본질에 속한 이름으로 하나님이 자신을 계시하셨다는 것이다. 하나님이 사람을 통해서, 예수님을 통해서 자신을 계시하셨다! 나는 하나님을 알고 있으며, 예수님과 친밀한 관계를 가지고 있다. 나는 하나님과 화목된 관계 속에 있으며, 아버지와 하나된 또는 아버지 안에 있는 그리스도 안에서 아버지를 공경한다. 그렇다. 그것을 기뻐한다. 그렇다면 나는 묻고 싶다. 당신도 그렇게 믿고 있는가?

144

나는 그것을 진정으로 믿는다. 그게 아니라면, 아무것도 믿는 것이 아니다. 나는 이 진리로 인해서 영생을 얻었다. 하나님과 그분의 이름을 찬송할지라. 모든 거듭난 사람은 그렇게 하나님을 찬송할 것이다. "그렇습니다. 주 예수님, 지극히 높으신 하나님이시여, 세세무궁토록 영광을 받으시옵소서. 주 예수님! 당신은 스스로 있는 자이시며, 또한 전능하신 하나님이십니다." 주님은 자기 팔로 어린 아이를 안으셨으며, 고난을 당하셨고, 끔찍스러운 사망의 구덩이에 들어가셨다. 바로 우리의 죄들 때문이었다! 이제 나는 나의 모든 죄를 예수님의 피로 덮어주신 속죄소를 알고 있다. 이제 나는 더 이상 나를 정죄할 죄가 없음을 알고 있다. 나는 하나님과 화목되었다. 바로 하나님이 화목을 이루신 분이시다.

| 7장 요약 |

　예수님은 구속을 성취하러 오신 하나님이시다. 예수님께서 죽었다가 다시 사신 분이심을 믿을 때 바로 거기에 구속(구원)이 있다. 예수님은 자신을 "스스로 있는 자, 전능하신 하나님" 으로 계시하신다.

　성육신의 완전성 앞에서, 모든 영혼은 성육신을 하나님의 참된 말씀으로 받아들이거나 또는 사랑 안에서 우리에게로 오신 하나님으로 영접할 책임 아래 놓여 있다. 우리는 하나님 앞에서 엎드리는 자가 되거나 아니면 대적하는 자가 되거나 둘 중 하나를 택해야 한다. 성경은 "아들에게 입맞추라!' 고 말한다. 주 예수님께 입맞추라! 이것은 우리가 주 앞에서 취해야 하는 복종의 표시이다.

　당신은 그렇게 예수님을 바라본 적이 있는가? 예수님은 스스로 있는 자, 전능하신 하나님이시다. 이것은 예수 안에서 참된 진리이다. 우리가 믿기만 하면 거대한 불신의 산을 옮길 수 있다. 이것은 참으로 단순한 진리이다.

Chapter 8
요한복음 11장
부활과 생명
The Resurrection and Life

145

주님은 말씀과 사역 모두를 거절당하셨다. 요한복음 8장에서 주님은 "아브라함이 나기 전부터 내가 있느니라."는 말씀으로 유대인들에게 유죄를 선고하셨다. 이 말씀은 주님이 누구신가에 대한 완전한 계시를 담고 있다. 하지만 유대인들은 그리스도의 증거를 거절했다. 요한복음 9장에서 주님은 이적을 통해서 증거하셨다. 하지만 이 증거 또한 거절당한다. 주님은 이 모든 것이 은혜에 속한 것임을 보여주시며, 이제 요한복음 10장에서는 자기 양떼를 모으는 것에 대해 말씀하신다. 주님이 "나와 아버지는 하나이니라"고 말씀하셨을 때, 그들은 돌을 들어 주님을 치려고 했다. 그러자 주님은 다시 요단강을 건너가신다. 요한복음 11장에서 나사로를 다시 살리신 것과 연결해서, 주님은 자신을 하나님의 아들로 말씀하셨다. 그리고 요한복음 12장에서는 다윗의 아들이며 인자로 소개하신다.

여기서 특별히 말하고자 하는 것은 그리스도께서 능력을 행하신 것에 대한 것이다. 그리스도는 생명(영생)을 주는 능력을 가지고 계셨다. 그리스도의 거룩성 또는 그리스도의 사랑에 대해서는 그리 많이 언급되고 있지 않다. 비록 이 두 가지 속성도 그 모습을 나타내었지만, 여기서는 많이 나타나고 있지 않다. 그리스도는 사망이 역사하는 곳에 오셨다. 그리고 그 사망에서 우선은 영혼을, 그 다음에는 몸을 살리고자 하신다. "이는 내가 살았으니 너희도 살리라." (요 14:19) 여기서 우리는 마르다의 성격에 속한 무언가를 볼 수 있다. 마르다는 주님을 사랑했고, 주님도 마르다를 사랑했다. 마르다는 주님을 자기 집으로 영접했다. 주님은 전처럼 그곳을 거처로 삼으셨다. 주님의 자비와 온유가 흘렀고, 주님과 그들 사이에는 서로를 향한 애정과 관심이 있었다. 이제 나사로가 병들었고 누이는 사람을 보내어 와 주십사고 요청을 했다. 왜냐하면 서로에 대한 친밀한 사랑이 있었기 때문이었다. "예수께서 본래 마르다와 그 동생과 나사로를 사랑하시더니"(요 11:5) 마르다와 마리아, 그리고 나사로는 믿는 가정이었다. 우리는 여기서 믿는 사람들조차도 전혀 다른 성격(성품)을 가지고 있는 것을 볼 수 있다. 여기서 우리는 그리스도께서 좋아하시는 것이 무엇인지를 발견한다. 즉 성령의 열매를 기뻐하신다는 것이다. 주님은 마리아에 대해서 "이 좋은 편을 택하였으니 빼앗기지 아니하리라(눅 10:42)고 말씀하셨다. 하나님이 원하시면 사람을 바울이나 보아너게처럼 활동적으로 만드실 수 있다. 하지만 하나님과의 교통이야말로 하나님께 가장 귀한 것이다. 베드로와 요한의 차이점이 여기에 있다. 하나님의 마음은 자신의 품을 의지하는 자에게서 큰 만족을 얻으신다.

그리스도는 도덕적으로 죽은 사람들로 넘쳐나는 도덕성 사망의 세상에, 자신과의 교통을 통해서 흘러나오는 복을 주고자 오셨다. 하지만 여기에 사망이 있었다. 사람은 주님이 주시고픈 치유의 복 속으로 들어올 수도 있고, 벗어날 수도 있다.

사망은 심판의 전조였다. 사망에서 회복된 사람은 없었다. 누구도 사망을 이길 수 없었다. 사망에서 도망칠 수 있는 사람도 없었다. 사람들은 사망이 자신을 심판으로 이끌고 간다는 것을 알고 있다. 사망은 죄의 결과로 심판에 이르게 한다. 하나님은 죽일 수도 있고 살릴 수도 있다. 자연인은 항상 사망 때문에 두려워 떤다. 왜냐하면 죄의 효력을 잘 알고 있기 때문이다. 그리스도께서 이 사망의 자리에 오셨다. 인간이 처한 비참한 상태를 단순히 위로하는 것으로는 죄 문제를 건드릴 수조차 없다. 사람들은 이제 그리스도를 거절함으로써 자신들이 그리스도를 죽음에 몰아넣은 살인자들임을 나타내었다. 오직 그리스도만이 사망에서 자신들을 구원해줄 수 있는 권능을 가진 분이었는데도 말이다. 사망은 생명을 주기 위해서 오신 그리스도의 존재 앞에서 그 능력을 상실했다. 공생애 동안 그리스도는 말씀으로 병자들을 치유하셨기에, 사람들은 그리스도께서 나사로도 치유해주실 줄로 생각했다. 하지만 주님은 오히려 악으로 하여금 그 모든 능력을 다 발휘하도록 허용하셨고, 그 모든 악의 문제를 해결하시는 그리스도의 직분을 보게 하셨다. 주님은 나사로가 병든 것을 아셨음에도, 며칠 더 머무셨다. 그리고 베다니로 돌아오셨을 때, 주님은 "나사로가 잠들었도다."라고 말씀하셨다. 우리에게 죽음이 닥친 순간에도 우리는 "심판은 없다."고 말할 수 있다. "이 병은 죽을 병이 아니라 하나님의 영광을 위[한 것이 라]"(요 11:1) 악은 결코 그리스도를 이길 수 없다. 그리스도에겐 심 지어 죽음조차도 하나님의 영광을 위한 것일 뿐이다. 이것은 그저 약간의 선을 행하는 문제가 아니라 "하나님의 아들로 이를 인하여 영광을 얻게 하려 함이다"(요 11:1) 생명의 능력은 심판의 자리까 지 나아간다. 생명을 얻는 것은 하나님 앞에 설 때까지 기다릴 필요 가 없다. 하나님은 지금 허물과 죄로 죽었던 우리를 살리시는 능력 으로 임하신다.

146
요한복음 8장은 하나님의 진리와 하나님의 아들을 서로 연결시 키고 있다. "은혜와 진리는 예수 그리스도로 말미암아 온 것이라" (요 1:17) 은혜와 진리 뿐만 아니라 생명도 아들로 말미암아 왔다. 그리스도는 병든 나사로를 능히 고치실 수 있었지만 예루살렘에 며 칠 더 묵으셨다. 하지만 이제 죽은 자를 다시 살리시는 이적을 공개 적으로 행하고자 하신다. 그리스도는 이적을 행하심으로써 모든 사 람들로 하여금 사망에서 해방받기를 바라신다. 주님이 야이로의 딸 을 은밀하게 살리신 것과 비교해보라.

하나님 사람들의 믿음의 근거는 사실 부활에 있다. "내가 거기 있지 아니한 것을 너희를 위하여 기뻐하노니 이는 너희로 믿게 하 려 함이라"(요 11:15) 바로 그들로 그리스도께서 "부활이요 생명" 이시며, "은혜와 진리는 예수 그리스도로 말미암아 온 것" 임을 믿 게 하고자 하셨다. 율법은 진리가 아니다. 율법은 사람을 책임의 자리에 서게 한다. 그렇다면 사람은 이미 죽은 것으로 간주되어야 한다. 이것은 진리이다. 율법은 사람으로 하여금 행하도록 자극한다. "행하라 그리하면 살리라." 율법은 사람에게 마땅히 행해야 할 것, 즉 의(義)를 주장하지만, 정작 사람이 어떤 존재인지, 즉 율법을 행할 수 없는 무기력한 존재임을 말해주지 않는다. 사실 그것이 율법을 주신 목적인데도 말이다. "율법이 가입한 것은 범죄를 더하게 하려 함이라"(롬 5:20) 율법은 사람이 누구이며, 또한 하나님은 사람에게 어떤 분이신지 - 즉 하나님은 사랑이심을 말해주지 않는다. 하지만 내가 진리를 알게 되면 진리가 나를 자유케 한다. 멍에 아래 있는 동안, 나는 다만 괴로워하고, 괴로워하고, 또 괴로워할 뿐이다. 멍에는 나를 짓누르고, 그 아래서 신음하게 할 뿐이다. "오호라 나는 곤고한 사람이로다 이 사망의 몸에서 누가 나를 건져내랴"(롬 7:24) 이것은 거듭났지만 아직 해방을 경험하지 못한 사람의 절규이다. 하지만 이제 누군가 "당신은 허물과 죄로 죽어 있는 곤고한 죄인입니다. 이제 나는 당신에게 하나님의 의를 가져다주고 당신을 해방시킬 수 있습니다. 그것이 마음과 양심에 자유를 줄 것입니다. 이제 당신은 진리와 사랑의 하나님 앞에서, 하나님의 의(로움) 속에서 서 있을 수 있습니다."라고 말한다고 생각해보자. 주님은 말씀하신다. "너희가 내 말에 거하면 참 내 제자가 되고 진리를 알지니 진리가 너희를 자유케 하리라"(요 8:31,32)

147

다른 것이 있다. "종은 영원히 집에 거하지 못하되"(요 8:35) 이제 하나님의 집에서 당당하게 행할 수 있는 조건이 들어왔다. 조건을 만족시키지 못하면 쫓겨나게 된다. 즉 "아들은 영원히 거[한다]"(요 8:35)는 것이다. 우리는 자유를 얻었고, 아버지 집의 자녀들처럼 "들어가며 나오며 꼴을 얻[는다]"(요 10:9) "그러므로 아들이 너희를 자유케 하면 너희가 참으로 자유하리라"(요 8:36) 그리스도는 하나님 사랑의 증거이다. 그리스도 자신의 어떠함이 나타난 것이 의(義)이다. 나는 이제 아들로서 자리를 가지고 있다. 바로 그리스도께서 아들이시기 때문이다. 그리스도는 생명의 능력으로 오셨다. 이 말은 사람을 있는 그 상태에서 다루거나 또는 사람을 개선시킴으로써가 아니라, 사람을 죽은 시신처럼 여기고 대신 생명을 불어 넣어주고자 오셨다는 의미이다. 마르다는 "마지막 날 부활에는 다시 살 줄을 내가 아나이다"(요 11:24)라고 말했다. 하지만 그리스도는 신자들의 부활이나, 심판 때의 부활에 대해서 말씀하지 않으셨다. 그리스도는 마르다에게 죽음은 자기 앞에서 아무 것도 아님을 보여주고자 하신다. "나는 부활이요 생명이니"(요 11:25) 마르다가 "마지막 날 부활에는 다시 살 줄을 내가 아나이다"라고 말한 것 또한 사실이다. 하지만 지금 나사로에게서 일어날 일과는 너무도 거리가 멀다. 만일 당신이 마지막 날에 다시 살아난다면, 당신은 그때 심판받기 위해서 다시 살아나는 것인지 영생으로 살아나는 것인지 확신할 수 없을 것이다. 물론 나사로가 지금 다시 살아날지라도, 나사로를 살리신 주님이 저에게 "생명" 뿐만 아니라 "부활"이 아니라면, 나사로의 자연적 생명은 다시금 사망에 처하게 될 것이었다.

그리스도는 "나는 생명이요 부활이다."라고 말씀하지 않으시고, "나는 부활이요 생명이다."라고 말씀하셨다. 사망이 왔고 모든 사람이 사망에 처해 있었다. 그러므로 주님은 먼저 부활의 역사를 일으켜야만 했다. 그리스도는 세상에 와서 생명을 주시는 분이실 뿐만 아니라 사망의 권세를 파괴하는 분이셨다. 다시 살리심을 받은 영혼에게 사망은 더 이상 왕노릇 하지 못할 것이다. 사망은 첫 사람 아담에게 왕노릇했다. 하지만 마지막 아담은 사망을 이기고 통치권을 획득했다. 이제 그리스도는 우리를 자신과 더불어 다시 살리셨고, 사망과는 아무 상관할 것이 없는 상태로 넣어주셨다.

| 8장 요약 |

　그리스도는 생명(영생)을 주는 능력을 가지고 계셨다. 그리스도는 도덕적으로 죽은 사람들로 넘쳐나는 도덕성 사망의 세상에, 자신과의 교통을 통해서 흘러나오는 복을 주고자 오셨다. 하지만 우리는 사망에 매여 있었고, 아무도 사망에서 도망칠 수 있는 사람은 없었다.
　사망은 죄의 결과로 우리를 심판에 이르게 한다. 생명의 능력은 심판의 자리까지 나아간다. 그리스도는 생명의 능력을 가지고 지금 허물과 죄로 죽어 있는 영혼들을 살리시는 능력으로 역사하신다. 먼저 다시 살리는 부활의 역사를 일으키신다. 그리스도는 세상에 와서 생명을 주시는 분이실 뿐만 아니라 사망의 권세를 파괴하는 분이셨다. 다시 살리심을 받은 영혼에게 사망은 더 이상 왕노릇 하지 못한다.

Chapter 9
요한복음 13장
그리스도 사랑의 지속성, 그리고 보혜사
Constancy of Christ our Comforter

148

예수님은 여기서 자신을 둘러싸고 있는 제자들에게 말씀하신다. 우리는 여기서 예수님께서 영혼을 자신에게로 이끄시는 것을 본다. 이것은 성령님이 죄인들을 이끌어 예수님을 계시하시는 방식이다.

1절에서 발견하는 것을 깊이 생각해보기를 바란다. 즉 그리스도 사랑의 지속성, 결코 쇠하거나 약해지지 않는 사랑에 대한 것이다. 만일 우리가 제자들에 대해서, 그리고 세상과 대적들에 대해서 생각해보면, 예수님에게는 자신의 사랑을 포기할만한 이유가 수천가지도 넘는다는 사실을 볼 수 있을 것이다. 우리는 예수님 주변에 세 종류의 사람들이 있음을 볼 수 있다. 제자들, 무관심한 세상 사람들, 그리고 대적들이다. 특별히 대적들이란 마귀의 자녀들을 가리킨다. 그들은 어떠한 존재였는가? 그들은 주님이 왕권을 받으러 가서 다시 오시면 자신들을 다스릴 줄로 알았고, 그래서 "우리는 이 사람이 우리의 왕 됨을 원치 아니하노이다"(눅 19:14)라고 말했다. 그들의 마음 저변에는 예수님이 그리스도이심에 대한 확신을 가지고 있었지만, 그들은 주님을 영접할 마음이 없었다. 대적들은 무관심한 세상 사람들을 자기편으로 끌어들인다. 이 세상에 있는 모든 것은 본질상 예수님의 사랑을 파괴하려고 하며, 온전한 것도 영원한 것도 없다. 무관심 아니면 사랑에 상처만 줄뿐, 아무 것도 아니다.

우리는 사실 자연스럽게 죄를 사랑한다. 우리는 하나님이 우리에게 주신 모든 것들을 정욕을 만족시키는 일에 사용하고자 할 뿐이다. 예수님은 그 모든 것을 알고 계셨다. 주님은 이 세상의 역겨운 상태를 보셨고, "내가 얼마나 … 너희를 참으리요?"라고 말씀하셨다. 우리가 하나님의 빛 가운데 있을 때에만 죄를 제대로 보고 판단하게 된다.

자기 자녀들로 하여금 자신들이 알고 있는 더러운 것을 피하도록 애쓰지 않는 부모가 어디 있는가? 은혜가 예수님으로 하여금 사람들을 악한 것에서 건지도록 한 것은 예수님도 사람의 슬픈 상태를 아셨기 때문이었다. 하나님은 모든 것을 아신다. 하나님의 자비하심 때문에, 하나님은 우리의 필요를 채우기 위해 필요한 모든 것을 인지하신다. 하지만 하나님은 무엇에 직면하시는가? 바로 마음의 무관심이다. 자연인의 마음은 예수님에게서 경멸스러운 것을 찾아낸다. 그러한 사람은 자신의 상태에 대해 전혀 알지 못하며, 거기서 벗어나는 일에 하나님에게 빚지고 싶어 하지도 않는다. 차라리 자신을 사랑하는 하나님에 대해서 무관심한 채로 남아있는 길을 택한다. 다시 한 번 무관심한 것보다 사랑을 절망시키는 것은 없다는 사실을 기억하자.

예수님은 적대감과도 직면하셨다. 빛을 사랑하지 않는 사람은 모두 예수님을 미워한다. 왜냐하면 자기 행위가 악하기 때문이다. 교만, 육신으로 가득한 자기 확신, 자기의 등 사람 속에 있는 모든 것이 하나님을 물리친다. 이러한 정결치 못함, 이러한 무관심, 이러한 미움 속에는 예수님의 사랑에 이끌릴만한 것이 전혀 없다. 유다의 경우를 생각해보면, 결국 그러한 사람은 예수님을 배신하고, 예수님의 사랑을 저버리게 된다.

149
누군가 우리를 배신하게 되면, 우리는 우리를 배신하지 않을 사람들에게만 온갖 관심을 두게 마련이다. 이런 일은 예수님에겐 일어나지 않았다.

비록 죄악이 넘쳤지만 예수님은 자신의 사랑을 나타내셨고, 제자들이 자신을 배반할 것을 아시면서도 끝까지 사랑하셨다! 주님을 사랑한다는 제자들은 너무도 이기적이었고, 마치 노예처럼 사람을 두려워했다. 예수님이 그러한 사람들을 사랑하신다는 것 자체가 불가능한 일처럼 보였다. 그러한 것이 사람의 마음이며 또한 예수님의 마음이다. 사람들은 예수님을 사랑하지만 그럼에도 그 사랑은 그다지 신실하지 않다. 예수님은 결코 수그러질 기색이 없는 미움의 현장에서 사랑을 택하셨다. 예수님은 우리를 사랑하시되 심지어 우리가 깨끗지 못하고 무관심하며 빛을 미워할 뿐만 아니라 수천 번도 그 사랑을 부정하고 부인하는 상태에 있을 때 우리를 사랑하셨다. 우리 자신을 가장 잘 아시는 주님은 이것이 얼마나 사실인지를 가장 잘 아신다. 만일 우리가 예수님을 대하는 식으로 친구를 대한다면 우정은 그리 오래가지 못할 것이다.

주님이 하늘에서 누리셨던 것과 이 세상에서 발견하신 것이 얼마나 다른지를 생각해보면, 우리는 그 엄청난 차이점을 보게 될 것이다. 천상에서 주님은 아버지의 사랑을 누리셨고, 그 완전한 사랑 안에 거하셨다. 하지만 자신의 사랑의 순수성을 나타내실 수는 없었다. 왜냐하면 그곳엔 장애물이 없었기 때문이다. 하지만 여기서 주님은 자신이 떠나실 것을 아시고, 자기 사람들을 사랑하시되 그들의 부정(their uncleanness)에도 불구하고 사랑하셨다. 그저 그들에게 주님의 동정하는 마음을 쏟아 부으셨다. 은혜의 대상이 된 사람들은 다름 아닌 부정과 죄악에 물든 사람들이었다. 그리스도의 사람들의 무관심은 도리어 그들의 총체적인 비참함과 그들이 주님을 필요로 한다는 필요성만 입증할 뿐이었다. 심지어 사람들의 미움조차도 사람이 잃어버린 바 되었다는 사실을 보여줄 뿐이었다. 하나님은 잃어버린 바 된 사람을 찾으러오셨다. 왜냐하면 사람은 하나님을 전혀 찾을 수 없는 상태 가운데 있었기 때문이다. 하나님이 얼마나 많은 부분들을 감당하셔야만 했던 것일까! 무관심, 배신, 그리고 배반! 사단을 대하는 것처럼, 우리 주님을 대하는 일은 얼마나 수치스러운 일이었던가! 그럼에도 주님을 막을 수 있는 것은 없었다. 주님은 자기 사람들을 사랑하시되 끝까지 사랑하셨다! 주님은 자기 마음에 있는 그대로를 따라 행동하셨고, 사람의 모든 악함은 자신의 사랑을 순수하게 나타내신 주님에게로 향했다.

주님은 우리 영혼이 하나님과의 관계를 새롭게 정립하는데 필요로 하는 모든 일을 하셨다. 우리와 같은 죄인들을 위해서 하나님은 은혜로 오셨고, 하나님의 은혜가 우리를 찾아 구원하기 위해서 임했다. 의와 율법은 악과 악인을 모두 제거할 것을 요구한다. 세례 요한은 회개하라고 외쳤다. 그것은 은혜의 시작이었다. 이제 순수한 은혜가 각자 자기 죄 가운데 있는 사람에게 임했다. 은혜가 사람과 하나님 사이를 비집고 들어갔다. 이를 통해서 마치 죄가 전혀 없었던 것처럼 하나님이 더욱 나타나시도록 했다.

150
은혜는 하나님 속에 있는 것을, 타락에 의해서 우리가 처한 가련한 상태에서 벗어나길 소망하는 사람에게 적용시켜준다. 예수님은 이렇게 끝까지 사랑하신다.

예수님이 바로 우리가 필요로 하는 모든 것임을 아는 것은 얼마나 위로가 되는가! 이것은 우리를 참된 상태에 넣어주며, 우리 속에 있는 악을 고백하게 하며 그 악을 숨기지 않도록 이끌어준다. 은혜만이 신실성을 낳는다. 시편 32편 1,2절을 보라. "허물의 사함을 얻고 그 죄의 가리움을 받은 자는 복이 있도다 마음에 간사가 없고 여호와께 정죄를 당치 않은 자는 복이 있도다" 직업 세계에 있는 사람은 자신이 약할 때에도 강한 것처럼 보이길 바란다. 은혜는 정직성을 낳는다. 그래서 우리 자신의 약함과 연약함을 정직하게 대면하고 솔직하게 인정하도록 해준다. 만일 우리가 베드로의 자리에 있었다면 우리도 깨어 경성하지 않는 한, 베드로처럼 행동할 것이 뻔하다. 예수님은 세상에 있는 자기 사람들을 사랑하셨다. 그들은 순례의 도상에 있었으며, 자신만의 삶의 환경 속에서 내적인 갈등과 이기심, 그리고 자신들의 연약함 속에 떨고 있었다. 사단이 할 수 있는 모든 것, 그리고 사람 속에 있는 모든 것은 본질상 예수님의 사랑을 방해할 뿐이었지만, 그럼에도 예수님은 자기 사람들을 사랑하시되 끝까지 사랑하셨다.

당신은 "나의 연약함에도 불구하고 나도 그 사랑을 알고 거기에 참여했습니다. 나는 은혜를 맛보아 알고 있으며, 예수님을 통해서 나타난 보이지 아니하는 하나님의 사랑을 알고 있습니다."고 말할 수 있는가? 당신은 과연 당신의 영혼이 울며 이를 가는 바깥 어두운 곳에 쫓겨나지 않을 것을 확신하기 때문에, 이제는 예수님이 이 세상에 다시 오시는 것이 정말 필요하다고 인정해본 일이 있는가? 우리는 과연 우리가 실제 어떤 사람인지를 인정하는 것을 어렵지 않게 생각하기에, 그렇게 하기로 마음에 결심해본 적이 있는가? 이렇게 하는 것은, 육신적인 사람은 결코 동의할 수 없는 일이며, 무척이나 고통스러운 일이 될 것이다. 바울이 가진 가시처럼, 이것은 끊임없이 우리 자신에게 무엇인가 말해준다. 예를 들자면, "당신은 연약한 존재이다."라고 계속해서 상기시켜준다. 이것이 바로 하나님이 우리 속에 가시와 같은 것을 남겨두신 이유이다. 우리로 하여금 예수님이 모든 것이 되시고, 또한 우리 자신은 아무 것도 아닐지라도 만족감을 느끼며, 또 우리 자신의 연약함을 보면서도 기뻐하게 되는 것은, 물론 이것은 하나님의 능력이 우리 속에 나타날 때에만 가능한 일이지만, 이러한 일은 참으로 육신적인 사람에겐 참기 어려운 굴욕감을 안겨다주기에 충분하다.

예수님은 우리가 소원하는 것 중 지극히 작은 것도 잊지 않으신다. 이기심에서 해방된 마음은 사랑이 하고 싶어 하는 것만을 생각하며 그대로 행동한다. 바로 이것이 십자가에 달린 예수님께서 자신의 모친을 잊지 않고, 자신이 사랑하는 제자 요한에게 모친을 부탁하신 이유이다.

| 9장 요약 |

　예수님은 자신을 둘러싸고 있는 제자들에게 말씀하신다. 우리는 여기서 예수님께서 영혼을 자신에게로 이끄시는 것을 본다. 이것은 성령님이 죄인들을 이끌어 예수님을 계시하시는 방식이다.

　여기서 우리는 그리스도 사랑의 지속성, 결코 쇠하거나 약해지지 않는 사랑을 본다. 비록 죄악이 넘쳤지만 예수님은 자신의 사랑을 나타내셨고, 제자들이 자신을 배반할 것을 아시면서도 끝까지 사랑하셨다! 주님을 사랑한다는 제자들은 너무도 이기적이었고, 마치 노예처럼 사람을 두려워했다. 예수님이 그러한 사람들을 사랑하신다는 것 자체가 불가능한 일처럼 보였다. 그러한 것이 사람의 마음이며 또한 예수님의 마음이다.

　주님은 자신이 떠나실 것을 아시고, 자기 사람들을 사랑하시되 그들의 깨끗하지 못한 마음에도 불구하고 사랑하셨다. 주님의 사랑을 막을 수 있는 것은 없었다. 주님은 자기 사람들을 사랑하시되 끝까지 사랑하셨다!

Chapter 10
요한복음 14장
우리 소망이신 그리스도, 성령님, 그리고 우리의 책임
Christ our Hope, and the Holy Ghost, with our Responsibility

151

요한복음 14장은 근심하고 있는 제자들의 마음을 위로하기 위해서 기록되었다. 여기서 우리는 제자들 앞에 제시되어 있는 두 가지를 볼 수 있다. 하나는 그리스도의 재림과 그리스도 인격의 영광에 대한 것이며, 다른 하나는 보혜사의 강림이다.

여기서 주님이 제시하고 있는 첫 번째 위대한 진리는, 제자들은 전혀 다른 세계에 속한 사람들이라는 것이다. 이 세상은 제자들에겐 좋지 않은 곳이다. 주님은 제자들을 떠나가신다. 이 사실이 제자들의 마음을 힘들게 했다. 따라서 주님은 제자들에게, 위로의 대상으로서 자신을 제시하시면서, "[너희가] 하나님을 믿으니 또 나를 믿으라"고 말씀하셨다. 하나님을 믿음으로써 우리는 위안을 얻을 수 있다. 마찬가지로 우리는 주님을 믿음으로써 위안을 얻는다.

한 가지 확실한 것은 무척 슬픈 상황이라는 것이다. 그리스도를 알지만 그리스도를 다시 볼 수 없고, 자신들과 더 이상 함께 할 수 없다는 것이 마음을 힘들게 했다. 제자들은 그리스도를 자신들의 마음의 한 부분으로 영접했고, 또한 모든 것을 드렸다. 제자들은 전적으로 그리스도를 의지했고, 그렇게 마음의 평안을 누렸다. 한데 그리스도께서 자신들을 떠나신다니, 그 사실이 무척 근심하게 만들었다.

이에 대한 응답으로 여기에 나타난 광대한 원리는 주님이 누구신가에 대한 이해를 더해준다. 주님이 말씀하신 것처럼, 그저 주님 혼자 천국에 올라가시는 것으로 생각해서는 안된다. 주님이 가는 것은 우리를 위한 것이다. "내 아버지 집에 거할 곳이 많도다…내가 너희를 위하여 처소를 예비하러 가노니"(요 14:2) 우리가 거할 충분한 방이 있다. 아버지 집에 거할 곳이 많다는 것은 그들을 위로하기 위한 새로운 주제였다. 그리스도인이 거할 곳은 그리스도께서 계신 곳이다. 그리스도는 다만 자신을 위해서, 또는 세상의 황폐함에서 벗어나 홀로 쉼을 얻고자 하는 목적으로 떠나가는 것이 아니었다. 그리스도는 많은 형제 가운데 맏아들로서 하나님의 집에 들어가는 것이며, 장차 재림의 날에 모든 형제들로 아버지 집에서 자신의 자리를 얻게 해주고자 함이었다. "가서 너희를 위하여 처소를 예비하면 내가 다시 와서 너희를 내게로 영접하여 나 있는 곳에 너희도 있게 하리라"(요 14:3) 이것은 행동의 언어이다. 주님은 "내가 너희를 천국에 보내줄 것이다."라고 말씀하지 않으셨다. 그렇다. 그런 말은 마음을 결코 만족시키지 못한다. "내가 다시 올 것이다." 주님은 이제 자신이 계신 곳에 제자들도 함께 하지 않는다면, 그들을 데리고 천상에 들어가는 일이 없다면, 주님의 마음도 만족하실 수 없으셨다. 이 오염된 세상에 제자들을 그냥 두실 수는 없으셨다. "나 있는 곳에 나를 섬기는 자도 거기 있으리니"(요 12:26) 그리고 그곳에 주의 종들을 위한 "잘 하였도다 착하고 충성된 종아 네가 작은 일에 충성하였으매 내가 많은 것으로 네게 맡기리니 네 주인의 즐거움에 참여할지어다"(마 25:21)라는 칭찬도 있을 것이다. 이렇게 주님은 제자들의 마음을 이 세상을 벗어나 함께 하게 될 것을 꿈꾸게 하신다. 지금 당장 그들이 머무는 장소가 물리적으로 옮겨지는 것은 아니었다. 그들은 잠시 동안 주님이 계시지 않는 동안, 세상에 남아 있어야만 했기 때문이다.

152

우리는 요한일서 1장 1절 "태초부터 있는 생명의 말씀에 관하여는 우리가 들은 바요 눈으로 본 바요 주목하고 우리 손으로 만진 바라"는 구절을 통해서 주님과 제자들이 주고 받았던 절대적인 친밀감을 볼 수 있다. 제자들은 주님을 잘 알고 있었다. 따라서 그들이 세상을 떠나게 되면, 그들이 들어갈 장소는 이상한 곳이 아닐 것이 분명했다. 왜냐하면 주님이 그곳에 계실 줄을 알기 때문이다. 만일 아버지가 이 나라를 떠나 먼 곳으로 여행을 떠난다면, 나의 마음은 그곳에 계신 아버지를 사모할 것이며, 내가 살고 있는 이곳보다 그곳을 더욱 사모할 것이다. 나는 그곳을 가본 적이 없어서 그곳을 잘 모르지만, 그럼에도 아버지가 계시다는 사실만으로도 그곳이 무척 정겨울 것이다. 주님은 한 순간도 제자들이 그곳에 있을 것에 대해서 조금도 의심의 여지를 남겨두지 않으셨다. 그 점을 주목하라. 제자들을 위한 가장 완벽하고 확실한 곳이 있다. 왜냐하면 그리스도 자신이 그곳에 계시기 때문이다. 자격의 문제는 언급되지 않았다. 과연 그리스도께서 당신이 그곳에 적합한 사람인지 아닌지를 모르시겠는가? 주님은 이미 목욕하여 깨끗하게 된 자들을 아신다(요 13:8-11). 그 길에 난관이 있을 수도 있다. 세상에서는 환난을 당할 것이다. 그 길은 험할 것이지만, 그럼에도 확실하게 집에 도착할 것이다. 예수 그리스도는 우리의 모든 죄를 대신 지셨고, 모든 죄를 제거해주셨다. 그러므로 그리스도는 자신이 이루신 구속의 완전한 가치를 따라서 우리를 영접해주실 것이다.

"내가 가는 곳에 그 길을 너희가 알리라"(요 14:4) 이상한 장소에 간다고 생각해보자. 나는 그 가는 길을 알고 싶어질 것이다. 주님은 "내가 길이요"라고 말씀하신다. 이 말은 "나는 아버지 집으로 가고 있다. 너희도 그곳에 이를 것이다."라는 뜻이다. 무엇이 아버지 집을 축복으로 가득한 곳으로 만드는가? 아버지가 그곳에 계시고, 형제자매들이 그곳이 있다. 이것은 단순히 장소나 아버지 집과 연관해서 우리가 생각해볼 수 있는 상태의 문제가 아니다. 우리 마음에 다가오는 참으로 위대한 것은, 천국은 아버지가 계신 곳이라는 점이다. 이것은 "집 지은 자가 그 집보다 더욱 존귀함과 같다"(히 3:3 참조) 주님은 "나로 말미암지 않고는 아버지께로 올 자가 없느니라"(요 14:6)고 말씀하셨다. 내가 만일 아버지를 안다면, 나는 내가 가는 곳을 알고 있다. 아버지가 계신 곳, 그곳이 바로 나의 집인 것이다. 탕자가 자기 아버지 집으로 돌아왔을 때, 큰 기쁨이 있었다.

살진 송아지를 잡고 잔치를 벌였다. **종이건 아들이건, 그들 모두를 그처럼 행복하게 만든 것은 아버지의 마음 속에 있는 기쁨의 샘이 터졌기 때문이었다.**

예수님은 "나를 본 자는 아버지를 보았거늘"(요 14:9)이라고 말씀하셨다. 주님이 말씀하신 것처럼, 만일 당신이 주님을 영접했다면, 당신은 이미 당신이 찾는 것을 가지고 있는 것이다. 당신은 주님을 알기 위해 천국에 갈 때까지 기다릴 필요가 없다. "나를 본 자는 아버지를 보았거늘 어찌하여 아버지를 보이라 하느냐" 만일 제자들이 자신들이 가는 곳을 알았다면, 그들은 이미 그 길을 알고 있는 것이다. 왜냐하면 주님은 "내가 곧 길이요"라고 말씀하셨기 때문이다. 주님 안에서 길을 찾았다면, 나는 아버지 집에 이르기도 전에 이미 아버지를 알고 있는 것이다. 주님은 나를 아버지 집에 합당한 사람으로 만들어 주시는 역사를 이미 이루셨다. 주님은 하늘에서 오셔서 십자가 구속의 역사를 이루심으로써 그 사역의 효력을 통해서 아버지를 나에게 보여주셨다. 그렇다면 나는 이제 천국을 소유하고 있다. 이 이상 더 어떻게 아버지를 보여줄 수 있는가? 당신은 이미 당신이 소망하는 것을 소유하고 있다. 당신은 주 안에서 아버지를 보았고, 아버지 집에 이르는 길을 찾았다.

153
그리스도께서 처음 계시되었을 때, 우리는 우리 자신의 부적절함을 깨달았다. 하지만 그리스도는 우리 양심을 정결하게 해주셨다. 죄를 정결하게 하는 사역이 이루어졌다. 신자는 모든 것에서 의롭다 함을 받았다. 만일 누가 그리스도를 믿는다면, 그는 새로운 본성(성품)을 가지고 있다. 육신이 그리스도를 믿을 수 있는가? "이를 네게 알게 한 이는 혈육이 아니요"(마 16:17) 믿는 영혼은 그리스도 사역의 효력, 피흘림과 피뿌림의 효력을 다 소유하고 있다. 나는 그리스도께서 소유하신 행복을 소유하고 있다. 무슨 말인가? 이 모든 결과, 나는 그리스도와 방해받지 않는 사귐을 누리게 된 것이다. 또한 이 세상에 오신 또 다른 보혜사를 통해서 능력이 임했으며, 우리는 그 능력을 인해서 사귐을 누릴 수 있게 되었다. 보혜사 성령님은 제자들을 결코 떠나지 않으며 영원히 함께 하기 위해서 보내심을 받으셨다.

그리스도를 믿는 사람은 모두, 그리스도의 사역을 통해서 보호를 받으며 동시에 이제 영원토록 그 속에 거하기 위해서 오신 보혜사의 축복에 참여한다. 따라서 **성령님을 마음에 모심으로써 자신의 몸이 성령의 전이 되지 아니한 사람은 그리스도인이 아니다.** 그러므로 성령님은 우리 속에 거하는 단순한 영적인 능력이나 능력을 구하는 대상이 아니라, 우리 속에 거하시는 인격적인 존재이시다. (물론 성령님은 자기 뜻대로 각 사람에게 영적인 능력을 나눠주신다.) 그리스도는 우리 속에 거하지 않으셨다. 그리스도는 3년 동안이나 제자들과 함께 하셨지만, 이제는 그들을 떠나셔야만 했다. 하지만 성령님은 결코 떠나지 않으시며, 신자 속에 "영생하도록 솟아나는 샘물" 되신다는 약속을 성취하신다. 성령님의 능력은 그리스도를 다시 모셔오는 것으로 나타날 것이다. 즉 인격체로서가 아니라 소망의 대상으로 우리에게 그리스도를 제시하신다. 이제 성령의 능력을 통해서 그리스도는 내 속에 생명이 되셨다. "내게 사는 것이 그리스도니"(빌 1:21) 성령님이 나에게 보여주시는 분은 바로 그리스도이시다. 그리스도 안에서 나는 참으로 복되고도 생생한 소망을 발견한다. 이러한 소망은 성령 안에서는 발견할 수 없다. 제자들은 그리스도에 대해서 "우리 손으로 만진 바라"(요일 1:1)고 말할 수 있었다. 하지만 성령님에 대해선 그렇게 말할 수 없었다.

"그 날에는 내가 아버지 안에, 너희가 내 안에, 내가 너희 안에 있는 것을 너희가 알리라"(요 14:20) 제자들은 지금까지 이 점에 대해서 매우 모호한 상태에 있었다. 하지만 "그 날에는 내가 아버지 안에" - 하나님의 신성 안에 계셨던 찬송 받으실 아드님이 이 세상에 종으로 오셨다. "너희가 내 안에 내가 너희 안에 있는 것을 너희가 알리라" - 이것이 아직도 이상한 일처럼 생각되는가? 그렇지 않다. 나는 그리스도의 부활 이후, 그분과 더불어 먹고 마실 뿐만 아니라, 이제는 그리스도를 소망으로 알고 있다. 게다가 성령님은 내가 그리스도가 연합되어 있음을 알게 하신다. 성령님이 주시는 그리스도와의 연합에 대한 인식이 있다. 그렇다면 자신이 그것을 소유하고 있다고 생각하는 사람이 그것 때문에 자신을 더 크게 생각할 수 있는가? 그럴 수 없다. 다만 그러한 은혜를 주신 것에 대한 놀라움과 경이로움만 있을 뿐이다. 따라서 겸손 외엔 아무 것도 없는 것이 정상이다. 율법은 양심을 괴롭게 하지만, 은혜는 겸손케 한다. 제자들은 주님이 이 땅에 계시는 동안에는, 연합을 알 수 없었다. 하지만 그 날에는 바울이 말한 것처럼, 자신들이 그리스도 몸의 지체임을 알게 될 것이었다.

154

그리스도와 연합 가운데 있는 우리에겐 책임이 있다. "저 안에 거한다 하는 자는 그의 행하시는 대로 자기도 행할지니라"(요일 2:6) "나의 계명을 가지고 지키는 자라야 나를 사랑하는 자니"(요 14:21) **만일 하나님이 우리가 아직 죄인되었을 때에 주권적인 은혜와 선함으로써 우리를 사랑하셨다면, 우리가 성도가 된 지금은 더욱 은혜로운 애정을 가지고 우리를 사랑하신다.** 우리 영혼은 날마다 하나님의 손 안에서 보호를 받는다. 주님은 이렇게 말씀하신다. "나를 사랑하는 자는 나의 아버지도 사랑할 것이다." 이 말은 이러한 사랑을 통해서 구원의 여부가 결정된다는 것이 아니라, 날마다 우리 마음에 그리스도의 임재가 지속되는가의 문제이다. 세상의 아버지는 자기 자녀가 자신을 기쁘게 해줄 때에라야 자기 자녀를 돌보고 그들을 사랑한다. 하지만 자녀가 자신을 기쁘게 해주지 않는다면, 그들에게 호의를 베풀지 않는다. 하지만 하나님은 "거룩하신 아버지여 내게 주신 아버지의 이름으로 저희를 보전하사"(요 17:11)라는 예수님의 기도에 대한 응답으로 그들을 보전하는 일을 하실 것이므로 결코 실패하지 않을 것이다. 하나님이 예수님의 제자들을 지키실 것이며, 다음과 같은 방법으로 그들을 보전하실 것이다. 즉 순종하면서 주님과 동행하는 자는 주님과 행복한 사귐을 나눌 것이며, 주님은 그 사귐을 통해서 자신을 계시하실 것이다.

이것이 바로 예수의 제자들의 자리(position)이다. 우리가 아버지 집에 돌아갈 때까지, 이렇게 하나님은 우리 속에 자신의 거처를 정하신다.

| 10장 요약 |

그리스도를 믿는 사람은 모두, 그리스도의 사역을 통해서 보호를 받으며 동시에 이제 영원토록 그 속에 거하기 위해서 오신 보혜사의 축복에 참여한다. 성령님은 우리 속에 거하는 단순한 영적인 능력이나 능력을 구하는 대상이 아니라, 우리 속에 거하시는 인격적인 존재이시다.

하나님은 우리가 아직 죄인되었을 때에 주권적인 은혜와 선함으로써 우리를 사랑하셨기에, 성도가 된 지금은 더욱 은혜로운 애정을 가지고 우리를 사랑하신다. 우리 영혼은 날마다 하나님의 손 안에서 보호를 받는다.

예수의 제자된 우리는 순종하면서 주님과 동행하는 삶을 살 때, 주님과 더욱 행복한 사귐을 나눌 수 있다. 이것이 바로 예수의 제자들의 자리이다.

Chapter 11
요한복음 16장
위에 계신 그리스도, 아래에 계신 성령님
Christ on high, and the Holy Spirit here below

155

요한복음은 특별히 유대적인 모든 것과 극명한 대조를 이루고 있는 그리스도의 위격을 드러내준다. 요한복음 시작부터 우리는 그리스도께서 자기 땅에 오사 자신의 신성한 권리와 권세를 나타내셨지만, 자기 백성이 영접하지 않은 것을 볼 수 있다. 이제 요한복음의 마지막 부분에 이르면서, 우리는 주님이 자신을 거절한 사람들을 떠나시고, 이제 자신의 자리를 대신할 보혜사가 오시는 것을 예고하는 것을 보게 된다. 보혜사 성령님은 그리스도의 것을 가지고 알리실 것이며, 세상에 그리스도를 증거하실 것이고, 이 세상에 남게 될 제자들을 인도하고 지원하는 일을 하실 것이다. 이제 요한복음 16장에서 우리는 성령님의 사역의 이중적인 특징을 보게 된다. 즉 세상을 향한 사역과 성도들을 향한 사역이다.

2절. "무릇 너희를 죽이는 자가 생각하기를 이것이 하나님을 섬기는 예라 하리라" 주님이 여기서 제자들에게 보여주고자 하시는 첫 번째 내용은, 그들도 주님과 동일한 자리에 들어가게 될 것이라는 점이다. 즉 반대와 거절당함이다. 세상의 반대는 종종 그들이 영적으로 눈멀었기 때문에 일어난다. "무릇 너희를 죽이는 자가 생각하기를 이것이 하나님을 섬기는 예라 하리라"(2절) 그러한 것이 바로 불신앙으로 인해서 소경된 결과이다! 이것은 사울의 경우에 해당된다. 그는 '나도 나사렛 예수의 이름을 대적하여 범사를 행하여야 될 줄 스스로 생각[했다]'(행 26:9) 사람은 보통 어두움 속에서 걷고 있다. 왜냐하면 그 자신이 어두움이고, 그의 양심도 어두움이기에, 거짓된 가르침의 결과로 그의 마음(이성)이 눈멀었기 때문이다. 사람이 양심적으로 행할 때, 비록 소경된 양심으로 잘못 행하고 있지만 그럼에도 항상 진지한 태도로 행한다. 그래서 진리를 대적하고 있음에도 매우 양심적일 수가 있다. 양심적으로 행동하는 것이 하나님 앞에서 아무 것도 아닐 수 있으며, 그러한 사람의 행실이 전적으로 사단에 의한 눈먼 행동일수가 있는 것이다.

3절. "저희가 이런 일을 할 것은 아버지와 나를 알지 못함이라" 하나님은 그리스도가 어떤 분이신지에 대한 모든 증거를 주셨다. 그리고 하나님이 하실 수 있는 모든 일을 다 하셨음에도, 그들은 그리스도를 거절했다. "정죄는 이것이니 곧 빛이 세상에 왔으되 사람들이 자기 행위가 악하므로 빛보다 어두움을 더 사랑한 것이니라"(요 3:19)

모든 무지는 죄의 열매이다. 여기에는 고의적인 소경됨이 있다. 그들은 "빛보다 어두움을 더 사랑했다." 여기서 빛을 거절하는 죄를 주목하라. 진리를 진정 자신의 영혼 속에 하나님의 진리로서 개인적으로 받아들이지 않는 한, 일반적으로 진리를 받아들이는 것은 아무런 의미가 없다. 하나님이 지금 사람을 시험하시는 방법은, 그들이 진정 자기 아들을 영접하느냐 영접하지 않느냐에 있다. 하나님은 예수님을 믿음의 대상으로 제시하시고, 이것을 통해서 사람의 마음을 시험하신다. 만일 그리스도를 영접하지 않는다면, 다른 진리를 일반적으로 인정하는 것은 아무 의미가 없다. 사람들은 진리를 거절하는 책임을 면하고자, 또는 자신의 양심을 무마시키고자 진리의 일부만을 받아들이고자 한다. 하지만 진정 우리 마음을 시험하는 것은 세상이 인정하고자 하지 않는, 곧 하나님이 자기 아들에 대해서 증거하시는 특별한 증거를 받아들이는가에 있다. 만일 하나님의 아들, 그리스도께서 거절을 당하신다면, 이것은 하나님 앞에서 정죄를 받아 마땅하다.

156

그리스도를 거절함으로써 사람은 자신이 정말로 아버지를 알지 못하고 있음을 입증한다. 그리스도께서 오셨는데, 오히려 하나님이 여호와가 아니라고 말했다면, 그들이 그리스도를 영접하지 않는 것이 옳다. 하지만 그리스도는 항상 자신을 아버지와 동일시하셨기에, 사람은 아버지와 그리스도 모두에게 자신이 원수임을 입증했다.

"저희가 이런 일을 할 것은" 우리가 하나님으로부터 진리를 받을 때, 그것이 진리임을 다른 사람들에게 충분히 설명하지 못할지라도 그것으로 만족해야만 하는 때가 있다. 다른 사람들이 이해하지 못한다면, 사실 설명할 방법이 없다. 그저 인내하면서 많은 사람들이 이해하지는 못하지만, 진리를 행하는 방법으로 나아갈 수 밖에 없다. 멸시받을 각오도 해야 한다. 주님은 사람들의 반대를 예상했음에도 예루살렘을 향하여 올라가기로 굳게 결심하시고 얼굴을 굳게 하셨다. 믿음의 길은 결코 이해될 수 있는 것이 아니다. 다만 진리를 전하는 통로가 될 뿐이다.

5절. "너희 중에서 나더러 어디로 가느냐 묻는 자가 없고" 우리는 이런 식으로 계속해서 불신앙 가운데 행동한다. 주님은 종종 우리 마음을 시험하신다. 제자들도 주님이 자신의 모습을 감추는 것으로 시험을 받았다. 주님의 복된 임재를 다시 찾았을 때 제자들은 마음의 위로를 받을 수 있었다! 이제 제자들의 마음은 근심으로 가득했다(6절). 슬픔은 정당한 것이었지만, 그들은 이제 하나님이 역사하시고 또 하나님의 목적이 이루어질 것을 생각하는 대신, 그저 자신들의 슬픈 감정에만 몰입했다. 참된 진실은, 하나님의 아들께서 아버지에게로 돌아간다는데 있었다. 우리는 우리 영혼에 복이 되는 하나님의 목적은 보지 못한 채, 하나님의 마음은 이해하지 못하고 그저 근심으로 가득해진다. 하지만 하나님은 이러한 믿음의 연약함을 책망하는 대신 위로하시며, 보혜사에 대한 약속을 주셨다 (7절).

주 예수 그리스도께서 떠나가심으로써 성령님이 오셨음을 생각해볼 때, 이렇게 해서라도 우리 속에 성령님의 임재를 소유하게 된 것은 얼마나 경이로운 복인가! 그렇다면 우리는 이 세상에 오신 성령의 인격적인 내주를 진정으로 믿고 있는지 우리 자신에게 물을 필요가 있다. 어떤 사람들은 종종 "만일 이 땅에서 나를 직접 인도해주시는 주님을 모시고 있다면, 얼마나 신앙생활을 잘 할 수 있을까요?"라고 푸념하듯 말하곤 한다. 우리가 진정으로 그리스도의 죽으심과 부활을 통해서 구속과 해방을 경험적으로 알고 있다면, 우리는 가장 좋은 방법으로, 그리고 가장 친밀한 방법으로 우리와 함께 하시는 주님을 경험하게 될 것이다. 왜냐하면 성령님이 우리 속에 내주하시기에 그리스도를 우리 영혼에 계시해주실 것이며, 우리를 사랑하사 우리를 위하여 자기 피를 흘려주신 그리스도의 영광을 보여주실 것이다. 그리스도는 하늘과 땅의 모든 권세를 가지신 분이시며, 유대인과 이방인의 머리이실 뿐만 아니라 만물의 주님이시다. 이로써 우리는 그리스도의 위격의 영광을 볼 수 있을 뿐만 아니라, 그리스도와 우리의 연합도 배우게 된다. "그 날에는 내가 아버지 안에, 너희가 내 안에, 내가 너희 안에 있는 것을 너희가 알리라"(요 14:20) 우리는 성령님을 우리의 안내자로서 모시고 있다. 주님은 우리를 인도하실 때, 우리가 그저 아무 것도 모른 채 따라오기만을 바라시는 것이 아니라, 분명한 지각을 주사 따라오기를 바라신다. 성령의 임재는 육신에게 내려진 심판을 전제로 하고 있다. 왜냐하면 육신은 자연스럽게 성령의 인도를 거부하기 때문이다. 성령으로 인도함을 받는 사람은 결코 육신으로 하여금 영적 삶의 주도권을 쥐게 해서는 안된다.

157

요한복음 14장에서 그리스도는 "아버지께서 내 이름으로 보내실 성령"이라고 말씀하셨고, 요한복음 16장에서 주님은 자신의 이름과 영광을 나타내기 위해서 보내심을 받은 성령에 대해 말씀하신다. 인자로서, 하나님의 아들로서 영광에 들어가신 주님은 자신의 직분에 속한 영광을 나타내실 보혜사를 보내시는 것이다.

그렇다면 이제 우리는 성령이 오셔서 하실 일이 무엇인지 보게 된다(8절). 세상은 성령님에 의해서 죄에 대해서, 의에 대해서, 심판에 대해서 책망을 받을 것이다. 또한 성령의 직임은 성도들을 모든 진리 가운데로 인도하시는 것이다(13-15절).

"그가 와서 죄에 대하여…세상을 책망하시리라 죄에 대하여라 함은 저희가 나를 믿지 아니함이요"(8,9절) 이것은 주님이 자신에 대해 메시아로서 유대인들에게 증거하시는 것을 의미하지 않는다. 하나님의 아들로서 세상에 대해서 증거하시는 것을 의미한다. 여기서 죄란 아버지도 아들도 모르는 것이다. 여기서 책망하는 죄는 선지자를 죽이고 또 율법을 어긴 것에 대한 것이 아니다. "저희가 나를 믿지 아니함이요." 하나님이 자기 아들을 세상에 보내셨는데, 그들은 그분을 쫓아내었다. (주님은 여기서 이것을 이미 이루어진 일로 말씀하신다.) 성령의 임재는 세상을 이러한 죄로 낙인을 찍는 것을 의미한다. 만일 예수님이 거절당하지 않으셨다면, 만일 하나님의 아들이 쫓겨나지 않으셨다면, 성령님은 오실 수 없었다. 이 성령님은 그리스도께서 영광을 받으신 소식을 전하는 전령이시다. 성령님은 이것을 위해서 이 땅에서 항상 일해 오셨다. 이것이 성령님의 사명이며 이 땅에 있는 임재해 계신 이유이다.

하나님은 "내 사랑하는 아들을 보내리니 저희가 혹 그는 공경하리라"(눅 20:13)고 말씀하셨다. 이 말씀은 악한 자가 다스리고 있는 세상, 온갖 부정한 것으로 가득한 세상을 향한 하나님의 마지막 시험이었다. 하나님은 세상을 자기와 화목하게 하고자, "내 아들을 영접하라. 그리하면 너희를 죄로 정죄하지 않을 것이다."라고 말씀하셨다. 하지만 그들은 하나님의 아들을 쫓아내고 또 죽였다. 이것은 고범죄(wilful sin)가 사람 속에 있음을 입증하는 것이다. 사랑과 은혜 속에 하나님의 완전한 빛이 있었고, 이 세상에 오신 하나님의 아들의 위격을 통해서 그것이 나타났지만, 사람들은 빛보다 어두움을 더 사랑했다. 이것이 정죄이다. 하나님은 율법의 무서움을 가지고 사람들을 위협하신 것이 아니라, 은혜로 사람들을 부르셨다. 하지만 사람들은 그분을 영접하지 않았다. 하나님의 아들이 거절당하실 이유가 전혀 없었지만, 사람 마음이 전적으로 악했기 때문에 그리했다.

158
이것은 도덕성 문제이며, 이것이 바로 불신앙이다. 불신앙은 마음의 본질이 그대로 드러난 결과이다. 주님은 이제 옛날처럼 악한 자의 손에 의해 못 박히시고 또 죽임을 당하실 수 없다. 도덕적인 죄는 그와 같다. 이는 자연인은 그리스도를 영접하고자 하지 않을 뿐만 아니라, 그리스도를 원하지도 않는다. 하지만 그리스도를 영접하는 자에게, 하나님은 "또 저희 죄와 저희 불법을 내가 다시 기억지 아니하리라"(히 10:17)고 말씀하신다. 하지만 그리스도를 거절한 세상에 대해서는 "다시 그리스도를 보지 못할 것이요"(요 16:10 참조)라고 말씀하신다.

이렇게 그리스도를 거절하는 것은, 성령님이 이 세상과 관련해서 다루시는, 가장 큰 죄가 된다. 어째서 사람들은 하나님의 아들에 대해서, 또는 하나님의 아들에 관한 모든 것을 헛된 것처럼 여기는가? 왜냐하면 그들은 하나님과 완벽하게 대적하는 입장에 서있기 때문이다. 그것이 죄다. **죄란 우리 마음 속에서 본질상 자라고 있는 나무요 줄기요, 그 속을 관통하는 수액이다.** 만일 세상이 죄로 인해서 책망과 정죄를 받는다면, 그것은 의의 완성 때문이다. 유일하게 의로우신 분이 이 세상에 오셔서 거절을 당하시고 고난을 받으셨다. 십자가에서 하나님은 그 의로우신 분이 전적으로 버림을 받도록 허락하셨다. 의(로움)은 이런 식으로 세상에 들어왔다. 죽기까지 순종하신 그 주님이 아버지께로 돌아가셨을 때 의로움은 성취될 수 있었다. 주님이 행하신 일에 대한 응답으로 우리를 의로움 속으로 받아주시는 역사가 시작될 수 있었다. 자기에게 하라고 하신 일을 다 이루셨기 때문에 하나님은 우리 주님으로 하여금 하나님 보좌 우편에 앉을 수 있는 자격을 주셨다. 주님은 자신이 하나님의 보좌에 앉기에 합당하심을 입증하신 것이다.

이제 성령님이 세상을 의에 대하여 책망하실 때, 그것은 사람의 타락이나, 사람의 부패, 또는 율법 아래서 사람의 실패에 대해 책망하시는 것이 아니라, 하나님의 우편으로 높이 되신 주님을 거절한 것에 대해서 책망하시는 것이다. 이것이 그리스도의 의이며, 하나님이 입증하시는 하나님의 의이다. "의에 대하여라 함은…너희가 다시 나를 보지 못함이요"(요 16:10) 세상에 대해서는 모든 것이 끝났다. 하나님의 아들이 거절당하셨을 때, 세상과 관련해서는 모든 관계가 끝났고, 심판을 통해서 그리스도의 권세가 입증되었다. "이제 이 세상의 심판이 이르렀으니"(요 12:31) 그렇다면 이제 나는 내가 진심으로 그리스도를 거절했음을 아는 순간에 이르렀다. 나는 그리스도에게서 아름다운 것을 보지 못했다. 그리스도에 대해서 조금도 애정을 느끼지 못했다. 교육은 어느 정도는 그리스도를 아는 데 도움을 주었고, 자비가 필요하다는 사실을 보게 해주었다. 성경 진리에 대한 지식은 하나님에 의해서 사용되곤 한다. 이것은 마치 불을 피울 필요가 있을 때, 즉시 당신이 도구를 사용해서 불을 피우는 것과 같다. 이제 확실해진 것은 우리는 그리스도를 멸시했고, 의지를 발휘해서 그분을 거절했다는 것이다.

159

세상은 심판에 처해 있고, 하나님은 여전히 복된 인내와 은혜 가운데 기다리신다. 우리는 아직 세상 심판의 징조를 보지 못하지만, 성도들은 그리스도처럼 지금 세상으로부터 거절을 당하고 있다. 이것이 바로 이 세상을 살아갈 때, 이방인과 순례자처럼 살아가야 하는 우리의 자리이다. 세상에 속한 모든 것과 이 세상 임금은 성령님의 임재에 의해서 심판을 받았다.

이제 나는 당신의 관심을 그리스도께서 이루신 완전하고도 신성한 의로움에 주목시키고 싶다. 성령님이 우리 영혼을 향해 말씀하시는 것은, 그것은 하나님의 보좌 앞에 당당하게 설 수 있게 해주는 의로움에 대한 것이다. 나로 하여금 영광에 들어가기에 합당한 자격을 주는 것이 의(義)를 얻는데 달려 있다. 물론 열매는 따라올 것이다. 나로 천국에 들어가기에 합당하게 해주는 자격은 나를 위해서 천국에 먼저 들어가신 그리스도가 가지고 있는 신성한 의(로움) 속에 있다.

"그가 너희를 모든 진리 가운데로 인도하시리니"(요 16:13) 성령님은 세상과는, 세상에 대해서는 아무 상관이 없다. 주님은 "내가 내 아버지께 들은 것을 다 너희에게 알게 하였음이니라"(요 15:15)고 말씀하셨다. 모든 진리란 주 예수 그리스도의 위격과 영광에 대한 전체 진리를 가리킨다. 그 모든 진리가 우리의 것이 되었다. 우리는 지금 그것을 조금 밖에 알지 못하지만, 그럼에도 그것이 우리의 것이 되었다는 것이다. 성령님은 우리에게 그것을 계시해주시고자 이 세상에 오신 것이다. 성령님은 우리에게 하늘에 속한 것들, 아버지와 아들의 영광과 아버지와 아들과 함께 하는 사귐을 가져오셨다. 그리스도 안에 있는 하나님의 모든 계획은, 성령의 능력을 통해서 우리의 것이 되었다. 우리가 들어오게 된 이 새로운 세상을 생각해보면, 이 얼마나 경이로운가! 그리스도의 충만하심을 통해서 우리 자신을 위해서 예비된 곳이다. 우리가 받은 복은 예수 그리스도의 얼굴에 있는 하나님의 영광을 보는 것이다. 이는 무슨 기적과 같은 일을 언급하는 것이 아니다. 다만 하나님이 자기 아들에 대해서 말씀하고자 하시는 모든 것을 성도가 된 우리의 마음에 충만하게 해주시는 것을 의미한다. 성도가 들어간 곳은 얼마나 복된 곳인가! 성령님은 주 예수님에 대하여, 그분의 위격에 대하여, 그분의 사역에 대하여 하나님이 기뻐하시는 모든 것을 우리에게 계시해주신다. 아버지는 그리스도께 모든 것을 주셨다. 이제 그리스도의 영광이 나타날 것이다.

"이 모든 것들은 내가 이해하기엔 너무 벅차다."라고 말해서는 안된다. 중요한 사실은 우리가 주님에게서 너무 멀리 떨어져 있지 않는다는 것이다. 오히려 주님은 우리 가까이 계신다. 나의 아버지가 대법관이라고 생각해보자. 나는 가능한 법의 테두리 밖에 있고자 할 터이지만, 법에 대해선 상당한 관심을 가질 것이다. 왜냐하면 법은 나의 아버지의 일이기 때문이다. 여기서 우리가 주목해야 할 것은 참으로 작은 단어인 "나의" 또는 "우리의"라는 말이다. 이 작은 단어가 우리 마음에 얼마나 크게 다가오는가! 만물이 다 우리의 것이다.

성령님이 예수님의 영광 안에 있는 아버지 집의 충만함을 보여주실 때, 우리 마음은 그리스도 자신에게 매혹을 당한다. 성령님은 영광을 이해할 수 있는 능력을 주시며, "이 모든 것을 너에게 다 주노라. 너는 나와 함께 이것을 나누자."고 말씀하신다. 사랑하는 친구들이여, 우리는 모든 영광 중에 계신 그리스도를 다시 보게 될 것이다. 우리 기쁨의 비밀은 바로 여기에 있다. 즉 성령님은 그리스도께서 우리 마음에 합당한 자리를 잡게 하시며, 그것이 이루어질 때 우리 마음은 기쁨으로 충만하게 될 것이다. 하나님 은혜의 완전함이 성령님으로 하여금 우리를 그리스도에게로 인도하게 하신다. 우리 마음 속에 이러한 성령님의 역사가 있어야 하며, 이러한 성령님의 역사를 경험하려면 우리 자신이 진정 어떠한 사람인지에 대한 양심의 각성이 먼저 일어나야 한다. 그렇지 않으면, 우리 양심은 안개낀 아침과 같을 것이며 영적인 생각도 이른 이슬방울처럼 쉬이 사라지고 말 것이다. 우리는 더 이상 세상에 속해있지 않다는 것을 기억하라. 성령님은 우리를 그리스도에게로 구별하여 드리셨다. 우리는 이제 하나님의 거룩한 백성으로서 그리스도와 동행하는 삶을 살아야 한다.

11장 요약

　이제 주님은 자신을 거절한 사람들을 떠나시고, 이제 자신의 자리를 대신할 보혜사가 오실 것을 예고하신다. 보혜사 성령님은 천상에 있는 그리스도의 것을 가지고 알리실 것이며, 세상에 그리스도를 증거하실 것이고, 이 세상에 남게 될 제자들을 인도하고 지원하는 일을 하실 것이다.

　이제 성령님은 그리스도께서 영광을 받으신 소식을 전하는 전령이시다. 성령님은 세상을 향해서는 죄에 대해서, 의에 대해서, 심판에 대해서 책망하시며, 성도들을 향해서는 모든 진리 가운데로 인도하신다.

　성령님의 역사와 관련해서 그리스도를 거절하는 것이 가장 큰 죄가 된다. 우리는 더 이상 세상에 속해 있지 않다. 성령님은 우리를 그리스도에게로 구별하여 드리셨다. 우리는 이제 하나님의 거룩한 백성으로서 그리스도와 동행하는 삶을 살아야 한다.

Chapter 12
요한복음 17장
제자들을 위해 간구하시는 하나님의 아들
The Son Pleading

161

예수님께서 이 세상을 떠나시기 전에, 제자들에게 곧 닥칠 일과 환경을 깊이 통감하신 일은 오히려 자연스러운 일이다. 하나님의 아들이 아버지께서 맡기신 사역을 완성하심으로써 모든 어려움과 사단의 모든 악한 계략 가운데서도 아버지께서 온전히 영광을 받으신 순간, 제자들 모두를 아버지 앞에 맡기신 일은 지극히 온당한 일이었다.

주 예수님은 아버지를 온전히 영광스럽게 해드렸다. 따라서 주 예수님처럼 죄의 모든 결과나 죄가 가진 모든 효력을 몸소 체험한 사람은 아무도 없다. 주님은 이제 우리가 주님이 겪으신 것과 동일한 환경에 처해 있다는 것을 아셨다. 주님은 제자들이 느끼게 될 모든 필요를 따라 그들의 연약함을 동정하실 뿐만 아니라, 주님 자신이 아버지를 의지하면서 공급받았던 모든 자원을 받을 수 있는 연약한 자의 자리에 들어가도록 제자들을 독려하신다.

주님은 공생애 동안 이러한 것들에 대해서 제자들에게 자주 말씀하셨지만, 주님 자신은 정작 세상에서 슬픔의 사람으로 살면서 많은 고초를 겪으셨다. 이제는 그 완성하신 사역으로 인해서, 주님은 자신의 사역의 모든 특권을 누리실 수 있다. 하지만 제자들은 세상에 남겨질 것이므로, 주님은 이것을 진지하게 생각하셔야만 했다.

거듭난 일이 없는 자연인의 마음은 하나님의 자녀들이 가진 특권을 알지 못한다. 자연인의 마음은 하나님의 자녀들이 느끼는 필요조차 느끼지 못한다. 교만은 어려움과 난관을 무시한다. 따라서 교만은 패망의 선봉이다. 자연인은 하나님의 자녀들이 느끼는 무게를 견디지 못하며 피하여 숨는다. 우리는 예수님 안에서 다른 것을 발견한다. 주님은 자신의 자리를 벗어나 숨지 않으셨다. "나는 받을 세례가 있으니"(눅 12:50) 주님은 사람이 죄로 인해 몰락한 상태, 그리고 죄의 결과를 보면서 피하여 숨지 않으셨다. 주님은 자신이 감당해야 할 짐으로 자기 영혼 속에 항상 간직했던 그 무게감을, 우리가 겟세마네 동산에서 보듯이 사랑으로 이겨내셨다. 주님은 영혼의 평화 속에서 그것을 감당하셨다. 왜냐하면 주님은 모든 것을 아버지께 맡기셨기 때문이다. 우리는 주님에게서 완전하게, 홀로, 하지만 평안하고 사랑으로 충만한 상태에서, 그리고 항상 사랑 안에서 행동할 수 있는 영성으로 행하는 것이 무엇인지를 본다.

자연인은 은혜를 느끼지 못하고 또 은혜의 필요성조차 느끼지 못한다. 요한복음 17장에 나타나 있는 대로, 자신을 기꺼이 낮춘다는 생각은 자연인의 마음에 전혀 호응을 얻지 못한다. 심지어는 그리스도인조차도 이러한 겸손과 겸비의 자리를 피하고픈 마음 밖에는 없다. 그러므로 그들은 하나님 안에 있는 엄청난 자원을 알지 못한다. 그러한 어리석음이 우리 마음 안에도 있다! 하지만 은혜를 알고 겸손의 자리에 서는 사람만이 하나님의 영적 자원을 소유한다.

162
10절에서 우리는 예수님이 자기 사람들을 특권의 자리에 넣으시는 것을 본다. 제자들에게 그들이 가진 자원들을 제시하신 후에, 주님은 아버지께 말씀을 올린다. 그것은 아들의 마음을 표현하는 것이었다. "아버지여 때가 이르렀사오니"(요 17:1) 여기서 말하는 "때"는 창조의 때보다 더욱 기념비적인 때였다. 바로 악과 그 모든 효력이 다 정복되는 때였다.

여기서 주님이 말씀하시는 영광은 아버지의 뜻을 이룸으로써 얻게 될 영광이 아니라, 주님이 창세 전에 아들로서 가졌던 영광을 가리킨다. 이것은 다른 것이다. 주님은 자신을 낮추사 자기 뜻을 행하는 것이 아니라 아버지의 뜻을 행하고자 하셨다. 따라서 죽기까지 순종하셨고, 죄의 결과를 몸소 짊어지셨다. 그렇게 주님은 교회를 구원함으로써 영광스럽게 되실 수 있었다.

주님이 자신의 뜻을 포기하신 것은 그 자체로 주님의 왕국에서 주의 좌우편에 앉게 해달라고 요청했던 두 제자의 요청에 대한 응답이었다. 예수님은, "그것은 내 능력 밖의 일이며, 아버지의 소관이다."라고 대답하셨다. 이렇게 자신의 뜻을 포기하신 것은 우리에게 무한한 가치를 지닌 일이다. 이렇게 하심으로써 우리는 주님의 영광에 동참할 수 있게 되었다. 만일 주님이 스스로 사단의 권세 아래 내려가셨다면, 그것은 주님이 그렇게 하실 수 있었기 때문이다. 그렇다면 이러한 사역을 완성하기 위해서 주님은 반드시 하나님의 아들이서야만 했고, 게다가 은혜 안에서 그 일을 하셔야만 했다. 그렇지 않다면, 우리는 주님의 영광에 동참할 이유가 없게 된다. 주님은 사람으로서 영광을 얻으셨다. 이는 우리도 영광을 얻게 하고자 함이다. 이 방법이 아니면 우리는 결코 아들의 영광을 얻을 수 없을 것이다.

사단의 권세 아래서 주님은 죽음을 맛보셔야만 했지만, 죽음에 사로잡혀 있을 수는 없었다. 그렇게 하신 목적은 우리로 주님의 영광에 동참시키기 위한 것이었다. 주님이 스스로 지극히 낮은 자리에 들어가신 것은 "아버지여 나를 영화롭게 하옵소서"라고 당당히 말할 수 있게 하려는 것이었다. 여기서 주목할 것은 주님은 스스로 낮아지셨는데, 그것은 완전한 것이었고, 아버지의 마음은 하나님을 영화롭게 하신 것으로 인해서 만족하셨다는 점이다.

생명의 주님이 사망에 처해졌을 때, 사단의 능력은 아무것도 파괴할 수 없었다! 따라서 하나님과 예수님은 완전히 영광을 받으셨다. 왜냐하면 사람으로서 주님은 이 영광을 충만하게 소유하고 있기 때문이다. 왜 아들은 영광을 받을 필요가 있었을까? 그것은 우리를 위해서 필요했다. 주님은 죄가 우리를 강등시킨 그 낮은 자리까지 내려가셨다. 이제 주님은 자신의 힘으로 아버지를 영화롭게 해 드렸다(4절). 우리는 이제 하늘과 땅의 모든 권세가 주님에게 있는 것을 본다. 이 모든 권세가 주님에게 주어졌다. 왜냐하면 주님이 자신을 낮추셨기 때문이다. 이것은 매우 귀한 것이다. 이는 이러한 권세가 주님에게 주어질 수 있었던 것은, 바로 주님이 사람이셨기 때문이다. 사실 주님은 아들로서 이러한 권세를 가지고 있었다. 이렇게 하신 것은 아버지께서 자기에게 주신 모든 사람들에게 생명을 주시고 또 그들을 위해서 주님 자신의 권리를 주장하고자 함이었다. 이러한 주님의 권리는 주님을 믿는 사람들을 위한 것이지, 주님을 알아보지 못한 사람들을 위한 것은 아니었다. 따라서 요한복음 17장에서 주님은 믿지 않는 사람들에 대한 말은 전혀 하지 않으신다. 왜냐하면 주님의 마음은 제자들 생각으로 가득했기 때문이다.

163

주님은 새로운 창조의 머리이시다. "그는 보이지 아니하는 하나님의 형상이요 모든 피조물보다 먼저 나신 이시니 만물이 그에게서 창조되되 하늘과 땅에서 보이는 것들과 보이지 않는 것들과 혹은 왕권들이나 주권들이나 통치자들이나 권세들이나 만물이 다 그로 말미암고 그를 위하여 창조되었고 또한 그가 만물보다 먼저 계시고 만물이 그 안에 함께 섰느니라"(골 1:15-17)

머리되신 주님을 영화롭게 하는 것이 우리에게 귀한 일이 되어야 한다. 골로새서 1장의 내용에 의하면 주님이 만물을 화목시키신 것은 필요한 일이었다. "그는 몸인 교회의 머리시라 그가 근본이시오 죽은 자들 가운데서 먼저 나신 이시니 이는 친히 만물의 으뜸이 되려 하심이요 아버지께서는 모든 충만으로 예수 안에 거하게 하시고 그의 십자가의 피로 화평을 이루사 만물 곧 땅에 있는 것들이나 하늘에 있는 것들이 그로 말미암아 자기와 화목하게 되기를 기뻐하심이라"(골 1:18-20)

그리스도는 새로운 창조의 머리시며, 또한 모든 사람의 머리이시다. 그들은 그리스도께 속했고, 주님은 그들 모두를 아버지께 바쳤다. 주신 분은 하나님이시다. "영생은 이것이니, 곧 당신에게 유일하신 참 하나님과 그가 보내신 자 예수 그리스도를 알게 하려는 것이다"(요 17:3, 다비역)

권세가 주님에게 주어졌고, 주님은 아버지께서 자기에게 주신 모든 사람들에게 영원한 생명을 주고자 하신다. 이 생명이 하나님 아버지를 알게 해준다. "아버지께서 내게 하라고 주신 일을 내가 이루어 아버지를 이 세상에서 영화롭게 하였사오니"(요 17:4) 주님은 이제 자신이 이 세상에서 완성하신 사역에 대해서 말씀하기 시작하신다. 첫째 아담이 한 일은 무엇이었는가? 아담은 권세도 하나님의 선함도 얻지 못했다. 아담은 하나님이 자신에게 해주신 모든 것을 부인했다. 반대로 마지막 아담이신 주님은 교만이 우리를 방해하고 있음을 아셨다. 주님은 자기 영혼에 하나님께로부터 버림받을 것을 아셨다. 그럼에도 주님은 "내가…아버지를 이 세상에서 영화롭게 하였사오니"라고 말씀하실 수 있었다. 악이 더욱 역사하는 곳에서, 아버지는 더욱 영광을 받으셨다. 주님은 악한 역사의 개입에도 불구하고 조금도 짜증내지 않으셨다. 사람 앞에서나 하나님 앞에서나 조금도 구분 없이 행동하셨다. 참으로 귀한 것은, 사람이 하나님을 완전하게 영화롭게 해드렸다는 점이다. 주님은 그러한 태도로 임하셨고, 아버지께서 하라고 하신 일을 이루셨다. 이룰 필요가 있었던 역사는 바로 사람 속에서 이루어져야 하는 일이었다. 이는 하나님이 배척을 받으신 것은 사람의 마음 속에서 된 일이기 때문이다. 바로 그곳에서 사단이 다스리고 통치했다. 하나님의 형상이 손상된 곳도 그곳이었다. 천사들 앞에서 하나님이 수치를 받으신 것도 그곳이었다. 하지만 이제 예수 - 사람 - 안에서 하나님은 영광을 받으셨다. 이 모든 악이 자리를 잡고 있었던 바로 그곳에, 악을 피함으로써가 아니라 하나님이 그 자리를 차지하게 하심으로써 하나님이 영광을 받으신 것이다. 악이 더욱 넘친 곳에, 아버지께서 더욱 영광을 받으셨다.

164

사람으로서 예수님은 아버지께서 자기에게 하라고 주신 일을 이루셨다. 그것은 은혜의 역사였다. 그리고 완벽하게 이루어졌다. 따라서 아버지는 아들 안에서 안식을 취하실 수 있게 되었고, 완전한 만족을 얻으셨다. 하나님은 "내 사랑하는 아들이요 내 기뻐하는 자라"(마 3:17)고 말씀하실 수 있었다. 따라서 하나님은 자신의 마음을 죄인의 마음속에 쏟아 부을 수 있게 되었다.

하나님은, 사람들에게 계절을 따라 햇빛을 주시고 비를 내리시듯이 외적인 복을 주실 수는 있었지만, 사람과는 사귐을 가질 수 없었다. 하지만 하나님은 이제 조금도 주저함 없이 예수님 - 사람을 향하여 "이는 내 사랑하는 아들이요"라고 말씀하실 수 있다. 세례 요한이 예수님을 보았을 때, 그는 "보라 하나님의 어린 양이로다"(요 1:36)고 외쳤다.

아버지의 마음은 사람들을 구원하는 것이었다. 이 일을 아들에게 맡기셨고, 이 일은 완벽하게 성취되었다. 따라서 예수님은 "[지금] 아버지여…나를 영화롭게 하옵소서."라고 말씀하실 수 있으셨다. 더 이상 할 일이란 없다. 이 얼마나 우리 영혼에 안식을 가져다 주는 말인가! 이제 영광을 받으시는 것 외엔 아무것도 없다. 안식이 이루어졌다. 여기서 "지금(한글 성경엔 번역되지 않았음)"이란 단어는 자신의 마음에 온전히 화답하신 예수님에 대하여 하나님의 만족하신 마음을 담고 있다.

안식이 있다. 완전히 동등한 영광이 있다. 예수님은 담대하게 "아버지여 창세 전에 내가 아버지와 함께 가졌던 영화로써 지금도 아버지와 함께 나를 영화롭게 하옵소서."(요 17:5)라고 말씀하실 수 있었다. 우리도 성령님을 통해서, 아버지와 아들 사이에 나누는 이러한 대화에 동참하게 되었다. 이미 성령님에 의해서 어느 정도는, 주님이 우리에게 주신 자리에 대한 이해를 가지게 되었다.

하나님의 거룩과 의는, 마치 접족할 곳을 찾지 못하고 방주로 돌아온 비둘기처럼 이 땅 어느 곳에서도 안식할 곳을 찾을 수 없었다. 하지만 이제 예수님 안에서 하나님은 완전한 안식을 발견하신다. 하나님은, 우리가 친구를 찾듯이 도덕적으로 합당한 사람을 찾으신다. 하나님은 그리스도 안에서 하나님 기준에 도덕적으로 합당한 사람을 찾으셨다. 다른 곳에서는 결코 찾을 수 없으셨다.

요한복음 17장 6절부터 예수님은 제자들을 위해서 하신 일에 대해서 말씀하신다. "세상 중에서 내게 주신 사람들에게 내가 아버지의 이름을 나타내었나이다 저희는 아버지의 것이었는데 내게 주셨으며 저희는 아버지의 말씀을 지키었나이다." 주님은 무엇보다 제자들에게 아버지의 이름을 나타내셨다. 그리스도는 슬픔의 사람으로서 외에는 사람들과 관계를 맺지 않으셨다. 왜냐하면 예수님은 "그 몸을 저희에게 의탁지 아니하셨으니 이는 친히 모든 사람을 아[셨기 때문이다]"(요 2:24) 하지만 그리스도는 아버지를 온전히 신뢰했고, 자신을 온전히 아버지께 의탁했다. "세상 중에서 내게 주신 사람들에게 내가 아버지의 이름을 나타내었나이다." 주님은 제자들의 마음을 아버지께 드리도록 힘썼고, 아버지께서 그들 마음에 계시도록 힘썼다. 자신이 아버지를 아는 것처럼, 제자들도 아버지를 알도록 했다.

165
누군가 나에게 엄청난 친절을 베풀어온 사람이 있다면, 나의 가장 친한 친구에게 그 사람에 대해서 어찌 말하지 않겠는가? 주님이 이 땅에 계신 동안, 주님은 자신이 아버지에 대해서 아는 모든 것을 제자들에게 말했다. 주님은 그분이 바로 자신의 아버지이며, 또한 그들의 아버지임을 제자들에게 말씀하고 있다.

하나님은 우리 속에서 아무 것도 구하지 않으신다. 다만 그리스도 안에서 발견하신 모든 것을 우리에게 주실 수는 있으시다. 아! 그리스도께서 우리에게 계시하신 것, 즉 아버지께서 우리를 위하신다는 사실을 우리 모두가 진정 깨닫기를 바란다. 아버지께서 우리를 위하신다는 복된 생각이 우리 영혼의 습관이 되기를 바란다.

우리는 이제 아버지와 아들 사이의 대화의 대상이 되었다. 더 놀라운 사실은, 그러한 대화가 더욱 아름답고 친밀한 것일수록 하나님께는 더욱 가치는 것일진대, 하나님의 무한한 은혜를 인해서 우리가 그 대화의 대상이 되었다는 것이다. 반면 나는 만일 내가 아버지를 더 잘 알았더라면 하지 않아야 할 일들을 저지르곤 한다. 아버지를 더욱 잘 안다면 현재 내가 하고 있지 않은 일들을 더욱 하게 될 것이다. 내가 말하고자 하는 바는 단순히 성경에서 금지된 일을 하지 않는 것 이상의 문제인, 아버지와 자녀의 관계에 관한 것이다. 우리 영혼은 높이 비상했다. 성령님은 아버지의 사랑을 현실감 있게 느끼게 하신다. 성령님은 우리를 자유 속으로 인도하시는데, 우리가 작은 존재라는 사실을 통해서가 아니라, 하나님이 얼마나 크신 존재인가를 보여주심으로써 그렇게 하신다. **우리가 전적으로 하나님께 몰입되면, 이러한 영적 자유는 흔들릴 수 없는 견고한 터를 가진 성결로 이끌어간다.** 하나님과 그리스도께서 우리를 사로잡으신다. 이것은 그리스도께서 세상에 계실 때 자리잡은 자리였고, 이제는 우리 자리이다. 게다가 그리스도는 자신이 들어간 천상의 자리에 우리를 넣으셨다.

이러한 연합의 결과는 성결(성화)의 효과를 일으킨다. 왜냐하면 이는 항상 우리를 빛이요 거룩이신 아버지께 가까이 나아가게 해주기 때문이다. 성령의 열매를 맺을 때, 나는 하나님이 그곳에 계신다고 말한다. 왜냐하면 성령님은 하나님이시기 때문이다. 이렇게 성령의 열매가 맺히는 것은 하나님이 내 속에서 역사하신 때문이기도 하지만, 나에게 주신 성령님 때문에 내가 신의 성품에 참여하였기 때문이기도 하다.

자기 사람들에게 아버지의 이름을 나타내신 예수님은, 자신이 그들과 이별해 있는 동안 세상에 남게 될 그들의 자리와 상황에 대해서 아버지께 말씀드리고 있다. 주님은 제자들이 자신을 메시아로 영접했을 뿐만 아니라 무엇보다도 그들이 주님이 나타내신 아버지에 대한 계시를 받아들였고, 또한 자신들이 더 이상 이 세상에 속하지 않았다는 것과 모든 것이 하나님께로 왔다는 것을 이해하고 있음을 언급하셨다.

예수님은 "지금 저희는 아버지께서 내게 주신 것이 다 아버지께로서 온 것인 줄 알았나이다"(요 17:7)라고 말씀하신다. 제자들은 아버지와 연합과 일치의 관계를 보았고, 그러한 관계는 아직 알려지지 않았던 것이었다. 이제 예수님의 겸비를 통해서 그 모습을 드러내었다. 아들이 유대인으로서 뿐만 아니라 사람으로서, 지극히 낮은 곳에 겸손한 자리에 사람으로서 나타나신 것이다. 그러한 자리에서 주님은 아버지께 모든 것을 다 받으셨다. 아버지는 아들을 보내셨고, 아들은 "저희는…아버지께서 나를 보내신 줄도 믿었사옵나이다."(요 17:8)라고 말씀하셨다.

166
　주님이 제자들에게 말씀하실 때에는, 그들이 마땅히 있어야 할 자리에서가 아니라, 주님 자신이 사랑하는 사람들을 위해서 마련하신 은혜의 자리에서 말씀하신다. 하나님은 항상 자녀를 대하듯이, 자신이 자녀라는 사실을 알게 된 우리에게 말씀하신다. 만일 이 사실을 잊었거나 또는 모른다면, 그것은 우리의 책임이다. 예수님은 "내가 가는 곳에 그 길을 너희가 알리라"(요 14:4)고 말씀하신다. 빌립은 "주여 아버지를 우리에게 보여 주옵소서"(요 14:8)고 말했다. 아버지를 보여주는 것은 성령님이 하실 일이었다.

　많은 그리스도인들이 자신들은 이미 그리스도와 하나 된 사실과 이제 이러한 연합이 이루어진 사람은 그에 따라오는 능욕을 지고 살아야 한다는 것을 깨닫지 못하고 있다. 왜냐하면 예수님은 이미 "성령이 너희에게 임하시면, 그 날에 내가 너희 안에 있는 것을 알게 될 것이다."라고 말씀하셨기 때문이다. 주 예수님은 여기서는 이것을 이미 실현된 것으로 말씀하지 않고, 오히려 하나님이 우리에게 주신 사랑과 특권에 연결해서 말씀하신다. 주님은 우리를 자신의 신성에 참여시키신 것이 아니라, 아버지께서 인자로서 자기에게 주신 모든 것에 참여시키심으로써, 이제 우리도 주님이 가신 길을 가도록 하신다. 주님은 제자들을 향해서 그러한 확신을 가지고 계셨고, 아버지께서 자신에게 주신 말씀을 이제 제자들에게 주신다. "내가 저희를 위하여 비옵나니 내가 비옵는 것은 세상을 위함이 아니요 내게 주신 자들을 위함이니이다 저희는 아버지의 것이로소이다"(요 17:9) 이 말은 곧, "나는 당신의 말씀을 받은 사람들을 위해 기도하나이다."라는 뜻이다.

주님은 세상을 위해서는 사도로서 일하셨고, 택함 받은 자들, 또는 택함 받은 자들로 나타날 사람들을 위해서는 제사장으로 일하셨다. 아직 그리스도의 양무리 안에 들어오지 아니한 사람들, 즉 제자들의 말을 인하여 주님을 믿게 될 사람들 또한 하나님은 다 아신다. 하지만 그들은 이 세상에서 보존되고 지킴을 받기 위해서 그리스도의 양무리들처럼 절대적으로 필요한 모든 돌봄을 받지 못한다. 아직 들어오지 않은 사람들에 대해선 책임이 없는 것이다. 하지만 그리스도의 양무리 안에 들어온 그리스도인들의 경우, 자신의 책임감을 느끼게 해주는 것은 필요한 일이다. 이는 그리스도인들은 이 땅에서 그리스도의 대리자로 있기 때문이다.

예수님은 "아버지께서 나를 세상에 보내신 것같이 나도 저희를 세상에 보내었고"(요 17:18)라고 말씀하신다. 그렇다면 자신이 그리스도에 의해서 파송된 존재임을 이해하면서, 그리스도를 대표하기 위해서 필요한 은혜를 구하는 사람이 있을까? 세상 앞에서 그리스도를 대표하는 일에 위임을 받은 선택된 사람의 자리를 이해하는 것은 매우 중요하다. 예수님은 "내가 저희로 말미암아 영광을 받았나이다"(요 17:10)라고 말씀하신다. 아직 나타나지 않은 사람들, 즉 제자들의 말을 인하여 믿게 될 사람들(20절 참조)은 그리스도를 영화롭게 할 수 없다. 그러므로 예수님께서 기도하신 것은 나타난 사람들만을 위한 것이다. 그들은 아버지와 아들 사이의 대화의 대상이 된 사람들이다.

167

아버지께 사랑을 받는 사람은 아들에게도 사랑을 받는다. 만일 아들이 아버지를 사랑한다면, 아들은 우리를 위해서 기도하셔야만 한다. 만일 아버지께서 아들을 사랑한다면, 아버지는 우리를 통해서 아들을 영화롭게 하셔야만 한다. 바로 이것이 주님이 우리로 들어가게 하신 경이로운 자리이다. 이 모든 것은 다음 두 가지 사실 때문에 가능해진 것이다. 즉 그리스도의 사역이 완성되었고, 그리스도께서 아버지를 나타내었기 때문이다. 만일 그리스도께서 유대인들에 의해서 메시아로만 나타나셨다면, 그리스도는 세상에 남아 계실 수 있었다. 그렇다면 제사장으로서 그리스도는 세상에 존재할 수 없게 된다. 그러면 우리는 함께 하시는 그리스도의 임재 없이 그저 모든 악에 노출되어 있게 된다. 우리는 의지할 확실한 무언가를 필요로 한다. 이는 우리 마음의 깊은 울림을 자극하게 해준다.

예수님이 세상에 계실 때에는 그처럼 정결한 마음이 필요치 않았다. 제자들은 예수님께 나아가서 아버지의 뜻이 무엇인지 물어보기만 하면 되었다. 하지만 지금 우리는 성령님을 통해서, 그리스도의 의도를 물어야 한다. 이 일은 우리가 아버지와의 사귐을 가질 때 일어난다. 이것은 제자들이 그 당시 소유했던 것보다 훨씬 크고 복된 자리(position)이다. 한편 그러한 사귐이 없는 그리스도인은 그릇된 길로 갈 수 밖에 없다. 이제 모든 것은 영혼의 상태에 달려 있다. 우리는 이제 옛날 종처럼 "이것을 행하라"는 식으로 계명에 매인 존재가 아니다. 우리로 아버지의 뜻을 알게 하시는 분은 성령님이시다. 우리가 오직 성령 안에서 행할 때에만 가능한 삶이다.

주님과의 사귐이 없다면 축복만 가지고 세상을 살아갈 수 없다. 그렇다면 우리는 종처럼 행동할 수밖에 없다. 그리스도인이 이 사실을 망각하게 되면, 그때부터 영적인 어둠 속에 빠지게 된다. 그리스도는 더 이상 세상에 계시지 않는다. 하지만 우리는 세상에 있다. 우리는 세상 밖에 있는 것들, 즉 하늘에 있는 것들을 세상에 보여줄 수 있어야 한다. 따라서 육신으로는 하나님에게 속한 것들을 분별할 수 없다. 심지어 그리스도인이라 할지라도, 신실하지 않다면 모든 분별력을 상실하게 되고, 절대적으로 아버지의 인정을 구하여 얻지 못하면 자신을 둘러싸고 있는 것 보다 훨씬 낮은 수준에 머물게 될 것이다.

예수님은 "거룩하신 아버지여, 저희를 보전하여 주소서."라고 말씀하셨다. 즉 제자들을 위해서 기도하신 것이다. 하나님은 제자들을 위해서는 거룩하신 아버지이시지만, 세상을 위해서는 의로우신 아버지이시다. 예수님은 "의로우신 아버지여 세상이 아버지를 알지 못하여도 나는 아버지를 알았삽고"(요 17:25)라고 말씀하신다. 세상과 나는 더 이상 동행할 수 없다. 아버지 또한 아들과 세상 사이에서 양자택일하셔야 한다. "저희를 보존하와"라는 말은 이 세상에 있는 것들과 관련된 것이 아니라, 바로 하나님의 자녀들에 대한 것이며, 그들로 영광을 얻도록 하기 위한 것이다. 저희로 고난을 면하게 해달라는 것이 아니라, 영원에 이르게 해달라는 기도였다.

168

하나님은 아버지로서 우리를 양육하신다. 하나님은 자기 자녀들의 머리카락 한 올도 허락 없이는 떨어지게 하지 않으신다. 자녀들에 관한 것이라면 아무리 보잘것없는 것도 아버지와 어머니의 최대 관심사이다. 이제 하나님은 우리를 완전한 사랑으로 사랑하신다. 하나님은 자기 자녀들과 연관된 것은 무엇이든지 관심을 가지고 계시며, 일의 경중에 상관없이 돌보신다. 우리로 영광으로 나아가지 못하게 방해하는 것이 있다면 친히 개입하신다. 이것이 바로 하나님이 우리를 징계하시는 이유이다. 왜냐하면 하나님은 거룩하신 아버지이시기 때문이다. 하나님은 우리를 악에서 지키고 보호하신다. 때로는 은혜로운 경고를 통해서, 말씀을 통해서, 책망을 통해서, (성령님께서 자주 사용하시는 수단인) 하나님 가족들만이 누리는 기쁨을 통해서, 그리고 사람에게 외적으로 임하도록 허락하신 징계를 통해서 그렇게 하신다. 그렇게 하시는 이유는 사람을 내적으로 지키기 위한 것이다.

육신은 자신만의 흔적이 있다. 왜냐하면 항상 이기적으로 행동하기 때문이다. 우리가 성령 안에 있을 때에는 항상 일치가 있다. 그리스도의 기쁨을 이루는 것에는 특별히 세 가지가 있다. 아버지 기쁨의 대상이 되는 것, 하나님과의 사귐을 즐거워하는 것, 그리고 이 두 가지가 우리의 특권이 되게 하신 것이다. 순종이 그리스도의 음식이었고, 양식이었으며, 또한 영혼의 기쁨이었다. 이것은 우리도 마찬가지이다. 우리는 아버지의 사랑이 발현되는 대상이기 때문에, 그 사랑이 발현되면 우리에게는 넘치는 기쁨이 있다. 하나님은 우리를 이러한 기쁨에 동참하는 자로 삼으셨다. 만일 우리에게 참된 회심이 있다면, 우리 속에는 그리스도의 기쁨이 자리를 잡을 것이다. 이 기쁨은 사실 그리스도 안에서 운동력 있게 역사했던 성령님의 역사이다. 비록 그리스도는 이 세상을 통과하면서 목말랐지만, 성령님은 사랑의 샘이 되어주셨다. 이것이 우리에게도 실제가 된다! 이 얼마나 경이로운 자리(position)인가! 물론 책임의 자리이기도 하다. 하지만 그리스도의 기쁨이 우리 속에 자리를 잡게 된다. 이 기쁨은 우리가 장차 천국에서 더욱 풍성하게 맛볼 것이지만, 동시에 이 세상에서도 맛보는 것이다.

세상은 그리스도께서 그 모습을 나타내자마자 그분을 미워했다. 그러지 않을 수 없었다. 우리는 이것을 진지하게 생각해보아야 한다. 즉 만일 우리가 빛을 밝히고 있다면 우리는 미움을 받을 것이며, 심지어 그리스도인들에게서도 미움을 받을 것이다. 그들은 그처럼 사랑스러운 것을 발견하지 못했기 때문이다. 마찬가지로 복음은 그것을 받지 않는 사람들에겐 사랑스러울 수가 없다. 본질상 세상 사람들에게 사랑스러운 모든 것은 십자가의 거치는 것일 수 밖에 없다.

만일 내가 기독교를 유대교화 시킴으로써 약화시킨다면, 나는 그 대가를 치르게 될 것이다. 사실 사람들은 하나님께 무언가를 바치는 것을 더 좋아한다. 그렇다면 그는 하나님에게 부족한 영광을 돌리는 것이 된다. 하지만 나에게 십자가 외에는 아무 것도 없다면, 사람들은 싫어할 것이다. 반면 사람이 세상을 아무것도 아닌 것으로 보는 순간, 우리는 미움을 받지 않을 것이다. 비용을 계산해보는 것이 필요하다. 과연 우리가 가지고 있는 힘으로 싸울 수 있는지, 과연 사단이 우리 보다 훨씬 강한지. 만일 우리가 아버지와의 사귐 속에서 보호를 받고 있다면, 사단은 결코 우리를 이길 수 없다.

169

미움을 받는 것은 그리 유쾌한 일이 못된다. **우리를 세상과 타협하게 하거나, 또는 사람의 전통으로 이끄는 모든 것은 십자가의 거치는 것을 제거해버린다.** 우리가 세상과 타협한다면 그것은 그리스도에게서 끊어지는 것이다.

| 12장 요약 |

거듭난 일이 없는 자연인의 마음은 하나님의 자녀들이 가진 특권을 알지 못한다. 자연인의 마음은 하나님의 자녀들이 느끼는 필요조차 느끼지 못한다. 자연인은 하나님의 자녀들이 느끼는 무게를 견디지 못하며 피하여 숨는다. 우리는 예수님 안에서 다른 것을 발견한다. 주님은 자신의 자리를 벗어나 숨지 않으셨다. 주님은 사람이 죄로 인해 몰락한 상태, 그리고 죄의 결과를 보면서 피하여 숨지 않으셨다. 주님은 자신이 감당해야 할 짐으로 자기 영혼 속에 항상 간직했던 그 무게감을, 우리가 겟세마네 동산에서 보듯이 사랑으로 이겨내셨다. 주님은 영혼의 평화 속에서 그것을 감당하셨다. 왜냐하면 주님은 모든 것을 아버지께 맡기셨기 때문이다. 우리는 주님에게서 완전하게, 홀로, 하지만 평안하고 사랑으로 충만한 상태에서, 그리고 항상 사랑 안에서 행동할 수 있는 영성으로 행하는 것이 무엇인지를 본다. 예수님은 자기 사람들을 이러한 특권의 자리에 넣으셨다.

우리 영혼은 높이 비상했다. 성령님은 우리를 자유 속으로 인도하시는데, 우리가 작은 존재라는 사실을 통해서가 아니라, 하나님이 얼마나 크신 존재인가를 보여주심으로써 그렇게 하신다. 우리가 전적으로 하나님께 몰입하면, 이러한 영적 자유는 흔들릴 수 없는 견고한 터를 가진 성결(성화)로 이끌어간다. 하나님과 그리스도께서 우리를 사로잡으신다. 이것은 그리스도께서 세상에 계실 때 자리 잡은 자리였고, 이제는 우리의 자리이다.

Chapter 13
요한복음 18장
자원해서 잡히신 예수님
Jesus the Willing Captive

170

요한복음 18장 1-10절은 두 가지 측면에서 우리 마음에 감동을 준다. 첫 번째, 우리는 자원하는 마음으로 자신을 온전히 내어주시며, 또한 자신에게 닥칠 일을 알면서도 조금도 주저함 없이 자신을 잡으러 온 무장한 군사들에게 자신을 내어주신 그리스도의 모습을 볼 수 있다. "예수께서 그 당할 일을 다 아시고 나아가 이르시되 너희가 누구를 찾느냐 대답하되 나사렛 예수라 하거늘 이르시되 내가 그니라 하시니라 그를 파는 유다도 그들과 함께 섰더라 예수께서 그들에게 내가 그니라 하실 때에 그들이 물러가서 땅에 엎드러지는지라 이에 다시 누구를 찾느냐고 물으신대 그들이 말하되 나사렛 예수라 하거늘 예수께서 대답하시되 너희에게 내가 그니라 하였으니 나를 찾거든 이 사람들이 가는 것은 용납하라 하시니"(요 18:4-7) 이 구절은 자신을 내어주시는 동안, 우리를 위한 완전한 구원을 예비하시는 주님의 모습을 보여준다. "이는 아버지께서 내게 주신 자 중에서 하나도 잃지 아니하였사옵나이다 하신 말씀을 응하게 하려 함이러라"(요 18:9) 이렇게 주님이 자신을 내어주신 것은 우리 중 그 누구도 대적의 손에 해를 당하지 않게 하려는 것이었다. 주님이 십자가에 달리신 것도 이와 동일한 자기 희생의 발로(發露)였던 것 이다. 비록 사단의 광포한 권세가 있었지만, 주님은 그 속으로 들어 가셨다. 마귀에게 시험받으러 광야에 들어가셨을 때에도 주님은 강한 자를 사로잡고, 이 세상에 복을 가져오셨다. 그럼에도 우리는 이 일을 통해서 유익을 얻기엔 역부족이다. 이렇게 임한 복을 받아들이기엔 내적 도덕적 역량이 부족하기 때문이다. 외적으로 질병이 치유되는 복을 받을 순 있다. 하지만 사람은 그리스도를 영접할 마음이 없었다. 주님이 군대 귀신들린 자를 고쳐주셨을 때, 마을 사람들은 주님에게 자기 마을을 떠나주실 것을 간청했다. 그런 상태에 있는 사람들의 마음은 대개 자기 마음에서 주님을 제거하고 싶어 한다. 이것은 마음이 깊은 악에 물들어 있기 때문에 치유 받아야 할 필요성을 보여준다. 사실 사람들은 도덕적으로 하나님에게서 떠나 있기 때문에, 자기 힘으로는 고칠 수 없는 구제불능상태에 있다. 새로 창조함을 받는 것 외엔 달리 방도가 없다. "그런즉 누구든지 그리스도 안에 있으면 새로운 피조물이라 이전 것은 지나갔으니 보라 새 것이 되었도다"(고후 5:17) 여기서 우리가 보아야 할 중요한 것은, 주님은 사단을 정복하셔야만 했을 뿐만 아니라, 하나님에게서 떠나 있는 도덕적 타락 상태에 빠진 인간을 회복시켜야만 했다는 것이다. "이제는 너희 때요 어둠의 권세로다"(눅 22:53) "내 마음이 매우 고민하여 죽게 되었으니"(마 26:38)

사단은 이 모든 어둠의 권세와 죽음의 공포로 주님의 영혼을 짓눌렀고, 주님의 영혼과 하나님 사이를 이간시키고자 했다. 하지만 사단이 누를수록, 주님은 하나님께 더 가까이 나아갔다. 그래서 성경은 "예수께서 번뇌의 상태에 빠질수록 더욱 간절히 기도하시니" (눅 22:44)라고 말하고 있다. 결과적으로 주님은 사단의 손에서 아무 것도 받지 않았다. 오히려 아버지의 손으로 주신 것을 받았다. "아버지께서 주신 잔을 내가 마시지 아니하겠느냐"(요 18:11) 주님이 겟세마네를 떠나시기 전, 사단의 완전한 권세는 사실상 이미 도덕적으로 파멸되었다. 주님은 아버지와 함께 그 고뇌의 시간을 보내셨으며, 이제는 순종의 행동으로써 아버지의 손에서 잔을 받으시고자 하신다. 주님은 이제 고요한 심령이 되었다. 그리고 베드로가 칼을 휘둘러 말고의 귀를 베어버렸지만 마치 아무 일도 없었던 것처럼 말고의 귀를 다시 붙여주시는 기적을 행하신다. 이제는 그들의 시간이었고, 어둠의 권세가 주님이 아니라, 사실은 그들을 덮고 있었다. "너희가 누구를 찾느냐?…내가 그니라…예수께서 그들에게 내가 그니라 하실 때에 그들이 물러가서 땅에 엎드러지는지라 이에 다시 누구를 찾느냐고 물으신대…나를 찾거든 이 사람들이 가는 것은 용납하라" 우리 모두에게 이루어진 완전한 해방에 대한 상징으로써 제자들은 그 누구도 건들 수 없었다.

171

십자가에서 주님은 "나의 하나님, 나의 하나님 어찌하여 나를 버리셨나이까?"라고 부르짖었다. 주님은 겟세마네에서 시간을 보내셨고, 여기서는 그 끔찍스러운 잔을 마시고 있다. 주님의 영혼은 이미 진노의 잔을 마셨기에, 오직 한 가지만 남아 있었다. 주님은 "내가 목마르다"고 말씀하셨다. 이렇게 말씀하신 이유는 성경이 이루어지게 함이었다. 그리고나서 "아버지 내 영혼을 아버지 손에 부탁하나이다 하고 이 말씀을 하신 후 숨지시니라."(눅 23:46) 여기서 우리는 우리를 위해서 완전한 해방(구원)의 역사가 이루어진 것을 볼 수 있다. 이 모든 것은 우리를 위한 완전한 빛과 기쁨이다. 사단에 대해서 생각해보면, 나는 그의 권세가 파괴되고 무력화된 것을 본다. 진노의 잔에 대해서 생각해보면, 주님은 바닥에 있는 찌끼까지 다 마셨다. 주님은 어둠 속으로 들어가셨고, 하나님의 진노를 다 받았다. 주님은 세상을 떠나 하늘로 가시기 전에 세상을 다 통과하셨고, 이제는 완전한 고요함 속에서 떠나가신다. 구속의 역사가 너무도 완벽하게 이루어졌기에, 사단이 주님을 죽음으로 몰아넣은 일은 아무 것도 아닌 것이 되었다. "예수께서 자기가 세상을 떠나 아버지께로 돌아가실 때가 이른 줄 아시고"(요 13:1) 주님은 사단의 책략에서 완전히 벗어나셨고, 모든 일을 이루셨으며, 이제 아버지께로 가고자 하신다.

신자는 더 이상 사단의 권세 아래 있지 않다. 한때는 애굽에서 바로의 압제 아래 있던 이스라엘 백성들은 해방의 역사를 통해서 바로의 권세에서 완전히 벗어날 수 있었다. 약속의 땅에 들어간 이스라엘 백성들은 아이 성의 경우를 제외하면, 한번도 가나안 족속의 권세 아래 있지 않았다. 우리도 자주 실패할 수 있지만, 새로운 창조 안에 있는 우리는 사단의 권세와 하나님의 진노에서 모두 해방을 받았다. 그렇다면 당신의 영혼은 그리스도께서 "사망을 폐하시고 복음으로써 생명과 썩지 아니할 것을 드러내[셨다]"(딤후 1:10)는 진리를 체험하고 있는가? 그렇다면 주님이 빛 가운데 계신 것처럼 우리 영혼도 빛 가운데 있게 될 것이다. 이 일은 주님이 세상에 계실 때에는 이루어질 수 없었다. 하지만 이제 우리는 어둠이 조금도 없는 빛 속으로 들어왔다. 우리 영혼이 그리스도 안에 있는 우리의 분깃인, 참되고도 완전한 해방을 알고 누릴 수 있기를 빈다!

| 13장 요약 |

　우리는 자원하는 마음으로 자신을 온전히 내어주시며, 또한 자신에게 닥칠 일을 알면서도 조금도 주저함 없이 자신을 잡으러 온 무장한 군사들에게 자신을 내어주신 그리스도의 모습을 본다. 주님은 자신을 내어주시는 동안, 우리를 위한 완전한 구원을 예비하셨다. 이렇게 주님이 자신을 내어주신 것은 우리 중 그 누구도 대적의 손에 해를 당하지 않게 하려는 것이었다. 주님이 십자가에 달리신 것도 이와 동일한 자기 희생의 발로(發露)였던 것이다.

　신자는 더 이상 사단의 권세 아래 있지 않다. 한때는 애굽에서 바로의 압제 아래 있던 이스라엘 백성들은 해방의 역사를 통해서 바로의 권세에서 완전히 벗어날 수 있었다. 약속의 땅에 들어간 이스라엘 백성들은 아이 성의 경우를 제외하면, 한번도 가나안 족속의 권세 아래 있지 않았다. 우리도 자주 실패할 수 있지만, 새로운 창조 안에 있는 우리는 사단의 권세와 하나님의 진노에서 모두 해방을 받았다. 이제 우리는 어둠이 조금도 없는 빛 속으로 들어왔다.

Chapter 14
요한복음 20장
은혜의 작용과 은혜의 끝
The Exercises and End of Grace

172

하나님이 사람을 향해서 은혜를 나타내는 일에 도구를 사용하시는 것과 사람들이 겪는 마음의 다양한 작용들이 서로 합력하여, 보내심을 받은 일에 합당한 봉사가 이루어지도록 하시는 것을 볼 때, 참으로 놀랍기만 하다. 사람이 행하는 어리석음 때문에 자초한 외로움이 있다. 거기서는 아무리 위로를 얻고자 해도 얻을 수 있는 것이 하나도 없다. 그런 경우 사람은 다른 방법으로는 조금도 배울 수 없었던, 주님 안에서 합당히 행하는 비결을 배우게 된다.

하나님은 악과 조금도 타협하지 않으신다. 거기에는 본성의 죽음이 임해야 한다. 한 알의 밀알이 죽지 아니하면 한 알 그대로 있게 된다. 그리스도는 오직 홀로 있었다. 아무 위로도 얻지 못하셨다. "비방이 나의 마음을 상하게 하여 근심이 충만하니 불쌍히 여길 자를 바라나 없고 긍휼히 여길 자를 바라나 찾지 못하였나이다 그들이 쓸개를 나의 음식물로 주며 목마를 때에는 초를 마시게 하였사오니"(시 69:20,21) 이 구절들은 외로움을 표현하고 있다. 주님은 모든 길에서 아버지를 향한 완전한 헌신으로 행하셨다. 하지만 제자들에게 은혜롭게 말씀하신 "너희는 나의 모든 시험 중에 항상 나와 함께 한 자들인즉"(눅 22:28)과는 달리, 실제로 주님이 받으신 시험 중에 함께 한 사람은 없었다. 제자들이 주님의 시험 중에 항상 함께했다면, 주님은 그 이상으로 말씀하셨을 것이다. 우리의 가련한 마음은 주님이 자기를 찾는 자들의 영혼을 만족시켜주시는 방법을 배울 필요가 있다.

여기 요한복음 20장에서 막달라 마리아의 경우와 또 향유 한 옥합을 깨뜨린 다른 마리아의 경우에서 보듯이, 그들을 외롭게 만든 무언가가 있다. 무엇이 나사로의 누이 마리아를 외롭게 했는가? 그녀는 자신을 세상으로부터 정결하게 하는 무언가를 배웠다. 마르다는 저녁 식사를 준비하는 일에 마음을 쏟았다. 하지만 마리아의 경우엔 저녁 식사가 아니라, 바로 주님 자신에 마음을 쏟았다. 여기서 주님이 마리아에게 나타나신 목적은 그저 마리아를 위로하기 위한 것이 아니라, 아버지에 대한 계시를 자기 백성들의 마음 속에 부어주기 위한 것이었다. 마르다가 저녁 식사를 준비했던 일은 잘못된 것이 아니었지만, 마리아를 (식사 준비를 시키기 위해서) 주님에게서 멀어지게 하고자 한 일은 잘못이었다. 만일 마르다가 옳았다면, 혼자서 할지라도 자신이 하는 일을 기쁘게 감당했을 것이다. 마르다의 마음에는 마땅히 있어야 할 기쁨과 즐거움이 없었다. 마리아는 참으로 복된 방법으로 자기 마음 속에 자리 잡고 있는 한 가지가 있었다. 마리아의 영적인 정서는 다가오고 있는 모든 악에 대해서 민감해있었기에, (여선지자처럼 미래를 예지했다는 뜻이 아니라, 영적으로 깨어 있었다는 뜻으로) 합당한 순간에 마리아는 주님에게 나아가 향유를 부었던 것이다. 주님은 마리아에 대해서, "이 여자가 내 몸에 이 향유를 부은 것은 내 장례를 위하여 함이니라"(마 26:12)고 말씀하셨다.

173

반면 막달라 마리아를 통해서 우리는 다른 교훈을 얻는다. 그녀에게서 일곱 귀신이 나갔다. 이 말은 완전한 귀신 들림을 표현하는 것으로써, 마리아를 붙들고 있었던 극도로 사악함을 표현하고 있다. 이것이 사람을 고립시키며, 사람의 본성과는 달리 참혹한 성격을 가지게 한다. 성령이 임했을 때 마리아는 악한 영에서 벗어날 수 있었다. 그러한 상황 속에서 그리스도를 영접한 결과, 그리스도는 그녀에게 모든 것이 될 수 있었다. 따라서 마리아는 다른 제자들처럼 그 자리를 뜰 수 없었다. 자신이 육체로만 알았던 그리스도를 잃어버렸을 때 그녀는 모든 것을 잃었다. 그녀는 악한 자의 역사로 산산 조각이 났으며, 그리스도는 그렇게 사라졌다. 그녀의 감정에는 다소 인간적인 요소가 있었다. 자신이 했던 일에 대한 무지도 엿보인다. 하지만 주님은 그녀에 대해 동정하는 마음으로 가득했다. 게다가 주님은 부활한 자신의 모습을 그녀에게 처음으로 나타내 주었다.

제자들은 보고 믿었다. 그들은 주님이 하늘로 가신 줄로 알았다. 하지만 성경을 온전히 이해하고 있지는 않았다. 마리아는 돌아갈 집이 없었다. 그리스도의 시신조차도 볼 수 없었던 그녀에게 남은 것이 무엇이었겠는가? 제자들은 그와 같은 방식으로 외로움에 빠져 있지는 않았다. 그들은 각자 자기 집으로 돌아갔다. 아무 것도 몰랐지만 그저 주님을 사랑하는 마음으로 가득했던 마리아는 "당신이 옮겨 갔거든 어디 두었는지 내게 이르소서 그리하면 내가 가져가리이다."고 말했다. 이 대목은 매우 소중한 부분이다. 그리스도께서 모든 것이 되실 정도로 우리 마음을 차지하는 일은 참으로 위대한 일이다. 그런 의미에서 이것은 모든 그리스도인이 통과해야만 하는 문이다. 죽음을 통해서, 혹 그 이전이라도 본성은 썩어지고 사라져야만 한다. 죽음보다 더한 것이 무엇인가? 죽음은 모든 것을 끝장낸다. 우리는 이것을 배워야 한다. 영적으로 또는 환경을 통해서, 아니면 진짜 죽음을 통해서. 우리는 반드시 배워야 한다. 우리는 결국 그리스도 외에는 아무 것도 아니라는 것을 배워야만 한다.

그리스도는 그녀의 이름을 불렀다. 주님이 오셔서 자기 양들을 이름대로 부르실 때, 모든 것이 좋다. 죽음 이후에 마리아는 이제야 주님을 돌려받았다. 이것은 마치 이삭처럼 "죽은 자 가운데서 도로 받은 것"과 같다. 이렇게 마리아의 인간적인 본성은 죽음을 통과했다. 주님을 향한 그녀의 애정은 인간적인 본성으로 많이 혼탁해져 있었지만, 이제는 그 이상을 넘어설 수 있게 된 것이다. 모든 것이 죽음을 통과함으로써 하나님께 헌납되었다. 하나님이 아브라함에게 하신 약속들은 사실 이삭을 바쳤을 때, 그에게 실제적으로 주어졌다. 막달라 마리아는 자신이 가진 것이 아무 것도 없었기 때문에 그리스도를 돌려받을 수 있다고 생각했다. 마리아는 그리스도를 육체적로만 생각했다. 그래서 다른 방법으로 그리스도를 얻어야만 했다. 이스라엘의 남은 자들도 머지않아 그렇게 될 것이다. 그때에 그들은 그리스도를 육체적으로 소유하게 될 것이다. 하지만 지금 주님은 "나를 붙들지 말라"고 말씀하신다. "나는 이제 다른 장소에 갈 것이다. 나는 너희 소망 또는 약속들을 육체적인 방식이 아닌 다른 방식으로 이룰 것이다."라고 말씀하신다. 주님이 그것을 이루실 때에는, 의인들이 자기 아버지의 나라에서 해처럼 빛나게 될 것이다. 이제 주님은 "너는 내 형제들에게 가서 이르되 내가 내 아버지 곧 너희 아버지, 내 하나님 곧 너희 하나님께로 올라간다 하라."고 말씀하신다. 즉 "나는 이제 전적으로 새로운 것을 너희에게 줄 것이다. 아직 나의 현존을 너희 속에 줄 수 없고, 또 아직 능력도 줄 수 없다. 다만 내가 가는 곳에 너희도 있게 할 것이다."라고 말씀하신다.

174

주님은 우리를 고립시키신다. 주님은 우리를 다른 상황, 환경 속으로 밀어 넣으신다. 점진적으로 하시든, 갑작스럽게 하시든, 이렇게 하시는 주님의 목적은 인간 본성에 속한 모든 것을 깨뜨리는 것이다. 이것이 우리에게 작용하는 은혜의 역사이다. 여기서 주님은 처음으로, "내 형제들"이라고 말씀하신다. 주님은 결코 제자들을 지금처럼 명확하게 "형제"로 부르신 일이 없다. 하지만 이제 시편 22편 "주께서 내게 응답하시고 들소의 뿔에서 구원하셨나이다."는 구절처럼 죽음을 통과하셨다. 공생애 동안 주님은 아버지의 이름을 나타내셨다. 이제 주님은 자신이 아버지에게서 받은 사랑으로 우리도 사랑받게 될 것을 선언하신다. 주님의 지상 생애 동안 그것을 말씀하실 수는 없었다. 공적인 사역 기간 동안 주님은 아버지를 나타내셨고, 아버지와 동행하셨으며, 아버지와 대화를 나누셨다. 이제 주님은 제자들을 그 동일한 관계 속으로 이끄시는 것이다. 왜 그런가? 바로 구속이 이루어졌기 때문이다.

그리스도는 기도하실 때 아버지를 하나님으로 부른 적이 없다. 항상 아버지로 불렀다. 복음서에 나타난 그리스도의 생애를 살펴보면, 모든 생애 동안, 항상 아버지로 불렀다. 십자가에 달리셨을 때 모든 구속의 역사가 이루어지기 전에는, "나의 하나님 나의 하나님"(마 27:46)으로 불렀으나, 모든 일이 이루어졌을 때에는 "아버지 내 영혼을 아버지 손에 부탁하나이다"(눅 23:46)라고 말씀하셨다. 속죄의 역사를 이루는데, 그리스도를 방해하는 것이 있었는가? 없었다. 오히려 그 무엇도 막을 수 없는 유일한 한 가지가 그 속에서 운동력있게 역사했는데, 그것은 사랑이었다. 그 사랑 때문에 그리스도는 버림을 받으셨다. 사랑을 알면 알수록, 그 사랑이 매우 두려운 것임을 알게 된다. 그 사랑에 의해서 그리스도는 하나님의 엄위하심을 따라, 하나님의 공의로움에 따라, 하나님의 진리를 따라, 하나님의 거룩하심에 따라 처분을 받으셨다. 하나님은 모든 것을 선하게 바꾸셨다. 하나님은 그렇게 죄를 제거하셨고, 그리스도는 그렇게 죄를 속죄하는 일을 통해서 하나님을 영광스럽게 했던 것이다.

이제 죽었다가 다시 살아나신 그리스도는 제자들을 그 충만한 복으로 가득한 자리에 들어가게 하신다. 구속의 역사는 이루어졌고, 죄는 더 이상 남아 있지 않다. 하나님은 모든 것을 복으로 바꾸셨고, 모든 죄를 제거하셨다. 그리스도는 성결의 영을 따라 죽은 자 가운데서 다시 살아나심으로써 능력으로 하나님의 아들로 선포되셨다. 그리스도는 하늘로 올라 가셨으며 우리도 그곳으로 인도하신다. "나는 나의 하나님께로 올라간다. 그분은 또한 너희 아버지이시다. 하나님은 너희를 복된 모든 것으로 인도하실 것이다. 나는 육체적으로 너희와 함께 하지 않을 것이다. 그러니 나를 만질 수 없다. 하지만 이제 나는 내 하나님 곧 너희 하나님, 나의 아버지 곧 너희 아버지에게로 간다." 이 모든 것이 이 가난하고 가련한 여인에게 하신 말씀이다. 그녀는 (그리스도 외에는) 가진 것이 아무 것도 없었던 까닭에, 부활하신 그리스도와 완성된 그리스도의 구속사역과 그 완성을 전하기에 적합한 메신저로 선택될 수 있었다.

175

주님이 "내가…올라간다"고 할 때 우리의 믿음도 휘장 속으로 들어가게 된다. **믿음은 하나님이 모든 것 되어 주시는 곳 안으로 들어가는 것이다. 이제 우리가 사는 곳은 휘장 안이다. 느낌을 구하면 하나님의 임재는 숨는다. 하지만 구속의 역사가 우리를 그곳으로 이끌어 들였으며, 이제 부활을 통하여 그리스도께서 아버지와 누리셨던 그 동일한 관계 속으로 들어가게 했다.** 우리는 하나님의 임재에 대한 의식이 없어도 종종 평안을 누리며, 또한 성경과 찬송과 기도의 기쁨을 맛본다. 그렇다면 거기에는 그리스도 속에서 역사했던 동일한 능력과 동일한 은혜의 작용은 없는 것이다. 나는 내 마음을 성찰하는 것도 없이 얼마든지 복을 소유할 수 있고, 또 그 복을 누릴 수도 있다. 만일 그렇다면 나는 그리스도를 의식하고 있기는 하지만, 정작 나의 상태는 별개일수가 있다. 바른 생각을 가지는 것도 중요하지만, 그리스도와 더불어 바른 생각을 가지는 것이 더 중요하다. 자신의 마음을 성찰해보라. 어쩌면 당신은 예수 그리스도의 임재가 없으면서도 찬송하고 있는 자신을 발견하게 될 것이다. 그렇다면 당신은 자신의 마음을 한번도 성찰해본적도 없고, 그 속에 악이 도사리고 있는 것도 모른 채 있는 것이다. 은혜의 능력도 그리스도 속에서 역사하는 것과 다르다. 속죄를 통해서 죄가 제거되면, 하나님이 들어오신다. 하나님은 처음으로 우리에게 선을 주심으로써 선과 악에 대해 우리 마음을 연단시키신다. 그렇다면 완전한 선을 소유하게 되고, 그후에야 무서움과 두려움의 작용에 의한 것이 아닌, 참된 거룩이 자리를 잡게 된다. 우리 마음은 주님이 가신 곳을 바라보면서 주님을 따라 가야 한다. 우리는 주님을 만질 수 없다.

이제 주님이 모든 것이 되어 주시는 삶을 바라보라. 오직 그리스도로만 살 수 있는 삶을 주시길 빈다.

14장 요약

　우리는 주님이 자기를 찾는 자들의 영혼을 만족시켜주시는 방법을 배울 필요가 있다. 마르다는 저녁 식사를 준비하는 일에 마음을 쏟았다. 하지만 마리아의 경우엔 저녁 식사가 아니라, 바로 주님 자신에게 마음을 쏟았다.

　마르다가 저녁 식사를 준비했던 일은 잘못된 것이 아니었지만, 마리아를 (식사 준비를 시키기 위해서) 주님에게서 멀어지게 하고자 한 일은 잘못이었다. 만일 마르다가 옳았다면, 혼자서 할지라도 자신이 하는 일을 기쁘게 감당했을 것이다.

　우리는 죽음을 통해서 그리스도 외에는 아무 것도 아니라는 것을 배워야 한다. 주님은 우리를 고립시키신다. 주님은 우리를 다른 상황, 환경 속으로 밀어 넣으신다. 점진적으로 하시든, 갑작스럽게 하시든, 이렇게 하시는 주님의 목적은 인간 본성에 속한 모든 것을 깨뜨리는 것이다. 이것이 우리에게 작용하는 은혜의 역사이다.

　믿음은 하나님이 모든 것 되어 주시는 곳 안으로 들어가는 것이다. 이제 주님이 모든 것이 되어 주시는 삶, 오직 그리스도로만 살 수 있는 삶, 그것이 은혜의 종착지이다.

Chapter 15
요한복음 20장
평강이 있을지어다
Peace

176

"이 날 곧 안식 후 첫날 저녁 때에 제자들이 유대인들을 두려워하여 모인 곳의 문들을 닫았더니 예수께서 오사 가운데 서서 이르시되 너희에게 평강이 있을지어다"(요 20:19)

영적 권위와 더불어 "평강이 있을지어다"라는 말씀을 듣는 것은 참으로 위대한 일이다. 또한 이러한 말씀의 능력을 우리 마음이 친히 체험하는 것 또한 위대한 일이다.

주님은 전에도 "평안을 너희에게 끼치노니 곧 나의 평안을 너희에게 주노라"(요 14:27)고 말씀하셨다. 이러한 평안은 지금 신자들이 누리고 있는 분깃이다. 하지만 제자들은 요한복음 20장 19절에서 말하고 있는 평안을 누리고 있지 못했다. 유대인들 때문에 제자들은 모인 곳의 문들을 닫고 있었다. 그들은 주님이 이스라엘을 구속할 분으로 여겼다. 하지만 지금은 온통 마음이 혼돈으로 가득차 있었고, 큰 두려움으로 떨고 있었다.

그들은 여전히 구주를 신뢰하고 있었지만, 한편으로 주님은 다시 살아 돌아오지 않았기 때문에, 그들은 자신들이 품었던 희망에 대해서 좌절감을 맛보면서 또 유대인들로 인해서 두려워 떨고 있었다. 하나님은 그들의 마음을 북돋우어주시길 바라셨겠지만, 현재 상황으로는 그들의 마음을 위로할 방도가 없었다.

이 시점이 바로, 우리 영혼이 그리스도를 간절히 찾으나 볼 수 없는 상황에서, 동시에 그리스도 안 외에는 아무런 소망을 발견할 수 없는 시점인 것이다.

죄인들에게 말씀하시는 은혜의 성령은 이렇게 자신의 잃어버린 바 된 상태를 일깨우신다. 오직 은혜의 능력만이 죄 사함을 알게 함으로써 평강을 줄 수 있다.

여기서 우리는 제자들이 예수님을 메시아로서 의지하고 있었다는 사실을 주목해야 한다. 그들은 예수님께서 이스라엘을 구속해주실 줄로 생각했다. (즉 자신들을 위로와 축복으로 인도해주실 줄로 믿었다.) 바로 이러한 것이 메시아를 앙망하는 특징이다. 예수님이 그들과 함께 계신 동안 그들은 아무런 부족을 몰랐다. 이는 주님이 그들에게 능력과 축복을 주셨기 때문이었다. 하지만 이제 제자들에겐 이 모든 것이 다 사라지고 없었다. 그들이 의지했던 예수님, 자신들에게 힘과 능력을 주실 줄로 믿었던 예수님이 죽고 없는 것이었다. 그들은 예수님이 다시 살아나실 줄 몰랐고, 그저 모든 것이 다 끝나버린 줄로만 알았다. 마찬가지로 우리도 예수님의 이름과 사랑에 대해서 들었다. 주님이 은혜 가운데 역사하실 때에는 마음이 즐겁고 우리 마음을 끌었다. 이것은 마치 제자들과 같이, 살아계신 구주는 잘 의지하지만, 주님을 잃어본 적이 없는 사람들의 경우이다. 예수님을 잃는 경험을 한 사람은 새롭게 예수님이 마음에 다가오게 된다. 세상은 그저 찌끼처럼 느껴지고, 예수님 외엔 가치있는 것이 아무 것도 없는 것처럼 느끼게 된다. 그렇다면 우리도 제자들처럼 "주여 영생의 말씀이 주께 있사오니 우리가 누구에게로 가오리이까?"(요 6:68)라고 기꺼이 말할 수 있게 된다. 하지만 이 경우에도 아직은 주님을 잃어본 적이 없는 제자의 말에 불과하다. 아직 부활의 능력을 경험해보지 않은 경우이다.

177

죄를 깨닫고 각성되는 것은 참으로 특별한 고통의 시간이다. 세상은 떠나가고, 예수님을 잃어버렸다는 자각과 다시는 볼 수 없을 것 같은 느낌이 혼합해서 다가온다. 하지만 이때에야말로 예수님이 자신을 나타내시는 최적의 조건과 상태이다. 어떻게 그리하시는가? "너희에게 평강이 있을지어다."라고 말씀하심으로 그리하신다. 이것은 단순히 약한 자에게 복을 주시고 능력을 주시는 장면이 아니다. 잃어버린 영혼의 필요를 충족시켜주는 것도 아니다. 잃어버린 영혼에게는 구주로 나타나실 것이다. 무언가 필요를 느끼는 사람은 세상에 가서 그 필요를 채우면 된다. 거듭나지 않은 사람의 경우 그렇게 하고자 할 것이다. 하지만 주님을 잃었다고 느끼는 사람은 구주를 찾기 전까지 결코 자기 영혼을 만족시킬 수 없을 것이다.

여기서 우리는 십자가의 가치를 보게 된다. 십자가는 우리가 잃어버린바 된 상태에 있다는 것의 상징일 뿐만 아니라, 우리에게 속한 모든 문제가 다른 사람에 의해서 해결됨으로써 죄인에 대한 송사가 다 충족된 것에 대한 상징이다. 우리는 어쩌면 우리의 필요만을 충족하기 위해서 예수님을 바라보았는지 모른다. 하지만 우리가 잃어버린바 된 상태에 있다는 자각을 가지게 되면, 우리는 십자가를 바라볼 수밖에 없다. 왜냐하면 그 문제는 십자가에서만 해결되기 때문이다. 자연인은 자신의 죄를 용서 받고자 하는 수단으로써 십자가를 행복한 것으로 바라본다. 하지만 진정 십자가의 능력과 효력을 경험하려면, 진노를 감당하시고 죽음의 잔을 마시고 나무에 달려 저주를 받으신 예수님을 바라보아야 한다. 그럴 때만이 진정 죄가 무엇인지에 대한 감각을 가진 사람들의 필요가 해소된다. 잃어버리는 것이 무엇인지를 아는 마음은 십자가에 반응할 것이며, 죄문제를 해결하신 예수님을 제대로 아는 영혼 속에는 새로운 서광이 비출 것이다. 이것을 배우지 못했다면, 우리는 영원한 멸망을 받을 수밖에 없다. 우리를 위한 것이 아니라면, 그 복된 주님의 머리에 쏟아 부어진 저주는 무슨 의미가 있는 것인가? 십자가는 단순히 우리의 관심이나 애정을 끌기 위한 것이 아니라, 우리가 잃어버린바 된 존재라는 자각을 예수님의 죽음을 통해서 우리 영혼 속에 깊이 각인시키는 것이다. 우리를 위한 것이 아니라면 하나님의 아들께서 무덤 속에 누운 것이 무슨 의미란 말인가? 삶과 행실에서 흠도 점도 없는 인격을 가지신 주님은 하나님의 영광의 광채시며, 또한 완전한 사람이셨다. 이것이 우리와 무슨 관계가 있는 것일까? 우리 영혼에 무슨 의미로 다가오는가?

나는 지금 신자들에게 은혜의 작용이나 은혜의 공급에 대해서 말하고 있지 않다. 다만 그리스도의 십자가가 우리 영혼에 무슨 의미인지를 설명하고자 한다. 당신이 잃어버린바 된 사람이 아니라면, 그리스도의 죽음이 당신에게 무슨 의미가 있는가? 당신은 악과 죄와 비참과 범죄로 인해 더럽혀진 상태이고 잃어버린바 된 상태이다. 오직 그리스도의 피 외에는 그 무엇으로도 제거할 수가 없다. 당신의 상태가 오직 피를 통해서만 해결될 수 있다는 것을 거절한다면, 어찌할 도리가 없다. 그렇게 주장한다면, 당신은 죄에 대해서 심판하시는 하나님을 만날 수 밖에 없다. 하지만 그 하나님은 우리를 위해서 그 모든 죄의 문제를 해결해주셨다. 십자가를 만나면 죄문제는 끝난다. 성령님을 통해서 이 사실을 알게 되면, 우리 자신이 완전한 타락 상태에 있다는 인식을 가지게 된다. 그리고 십자가에 달리신 예수님을 온전히 알게 되면 우리가 잃어버린바 된 존재라는 의식 대신에, 우리가 구원받았다는 온전한 지식과 더불어 우리가 구원받은 존재라는 인식이 오게 된다. 그렇다면 "평강이 너희에게 있을지어다."라는 복된 말씀이 마음을 가득 채울 것이다. 하지만 사단의 능력에 둘러싸인 채, 예수님이 떠나셨다는 생각에 사로잡힌 가련한 제자들은 십자가에서 일어난 구원의 능력을 온전히 이해하지 못한 상태에 있었던 것이다.

주님은 욥에 대해서 "네가 내 종 욥을 주의하여 보았느냐 그와 같이 온전하고 정직하여 하나님을 경외하며 악에서 떠난 자는 세상에 없느니라"(욥 1:8)고 말씀하셨다. 하늘에 있는 주의 전에는 촛불이 그들을 비추고 있었고, 욥의 인격에 대해서 참소하는 사단 앞에 설 수 있는 사람은 아무도 없었다. 주님의 대답은 우선 욥에게서 모든 것을 빼앗아도 좋다는 것이었다. 그후에 악한 질병이 욥에게 들러붙었다. 그럼에도 욥은 죄를 짓지 않았고 하나님을 욕하지도 않았다. 하지만 마침내 욥은 참소자 앞에서 완전히 파멸되는 것을 보게 된다. 욥은 완전하고 정직하여 하나님이 세상에서 다시 찾을 수 없을 정도의 사람이라고 칭찬한 사람이었다. 그럼에도 욥은 자신을 참소하는 사단과 더불어 하나님 앞에 설 수는 없었다. 마침내 이 일은 욥으로 하여금 자신을 하나님보다 더 의로운 사람으로 여기게 했고, 자신이 태어난 날을 저주하는데 까지 나아갔다. 그리고 그 결과 욥은 자기 입술을 열어, "내가 주께 대하여 귀로 듣기만 하였사오나 이제는 눈으로 주를 뵈옵나이다 그러므로 내가 스스로 거두어들이고 티끌과 재 가운데에서 회개하나이다"(욥 42:5,6)고 고백하게 되었다.

하지만 그리스도의 경우엔 달랐다. 그리스도는 하나님 앞에서 참소하는 사단 앞에 설 수 있는 유일한 분이셨다. 부활은 바로 그리스도의 섬김이 얼마나 확실히 사단을 이겼는가를 입증하고 있다. 우리는 그리스도의 의로운 영혼이 겪은 슬픔과 고통 속에서, 그리고 그리스도의 죽음 속에서, 죄가 과연 어떤 것인지를 배운다. 사단이 우리에게 덧씌운 사망의 굴레 아래 오신 주님은 우리의 모든 죄를 담당하심으로써, 그 굴레를 벗기셨다. 이것이 바로 십자가의 진정한 의미이다. 예수님의 영혼 속에 밀려드는 고통이 얼마나 극심했는지를 우리는 겟세마네 동산에서 기도하는 모습을 통해서 볼 수 있다. 그리고 십자가에 달리셨을 때, 예수님의 영혼은 그 고통으로 짓이겨지고 있었다. "예수께서 크게 소리질러 이르시되 엘리 엘리 라마 사박다니 하시니 이는 곧 나의 하나님, 나의 하나님, 어찌하여 나를 버리셨나이까?"(마 27:46) 그리스도에게 내려진 하나님 진노의 무게를 생각해보면, 우리는 십자가의 의미가 무엇인지를 배운다. 당신이 진정으로 나는 잃어버린바 된 자라는 의식이 있을 때에라야, 그 의미와 가치를 알 수 있다.

지금 우리에게 말씀하시는 분은 십자가에 달리신 구주가 아니라 다시 살아나신 주님이시다. 우리를 참소하고 송사하는 모든 것에 대해 승리하심으로써 지금 우리에게 승리를 주시는 주님이시다. 주님은 사단의 모든 송사로 인해서 고통하고 또 고통받는 우리를 해방시켜주셨다. 그 결과로 "너희에게 평강이 있을지어다"라고 하시는 말씀은, 죄로 인해 파멸되는 것이 무엇인지를 아시고, 그럼에도 "평강"을 말씀하실 수 있는 분에게서 나오는 영적인 권위로 충만한 말씀이다. 우리 영혼에 평강을 가져다주는데 필요한 모든 일을 마치신 주님은 죄와 사망의 권세를 이기시고 다시 살아나셨다. 따라서 부활하신 구주 예수님께서 참소하는 자 사단 앞에서 당당히 "평강"을 외치지 못하실 이유가 무엇인가? 주님이 죄와 저주를 담당하시고, 또 이 모든 것을 이기고 부활하셨을 때, 더 이상 하나님의 진노에 대해서 말씀하실 필요가 있었는가? 그럴 필요가 없었다. 하나님의 진노는 지나갔다. 그러므로 평강 외에 무슨 말을 더 하실 필요가 있단 말인가? 자신 속에 평강이 없지만, 그럼에도 십자가의 의미를 아는 사람들에게 평강을 말씀하시는 분은 부활하신 구주이시다. 이러한 주님의 평강을 우리에게 주시는데 필요한 모든 것이 이루어졌음을 십자가가 보여주고 있다면, 그렇다면 그것을 믿는 사람들에게 평강이 있을지어다.

179

부활 이후에 주님이 대화를 나눈 첫 번째 사람은 다름 아닌 주님이 일곱 귀신을 쫓아내어주신 사람이었다. 은혜가 막달라 마리아의 마음을 사로잡았다. 마리아는 죽은 예수님을 사모했으며, 그렇게 죽은 자 가운데서 산 자를 찾고 있었다. 예수님이 자신을 나타내기로 선택한 마리아는 사단에게 괴롭힘을 받는데서 해방된 사람이었다. 찬송 받으실 주님은 마리아에게 죽었던 자신이 다시 살아나신 것을 알리는 말씀을 통해서, 사망의 파괴 너머에 있는 소망을 일깨워주셨다. 왜냐하면 이제 예수님은 무덤에서 일어나 영원히 살아계시기 때문이다. 마리아의 마음과 애정의 중심을 차지하셨던 예수님은 이제 영원히 살아계신다. 이제 마리아가 소망하는 모든 것은 자신을 위해서 죽으셨던 주님의 영원무궁한 생명에 터를 잡게 되었다. 예수님이 살아계실진대, 그녀에게 무슨 어둠이 있을 수 있으랴? 어둠은 사라졌다. 이는 예수님의 죽음을 통해서 마리아는 이미 죽음을 맛보았기 때문이다. 하지만 이제 주님은 세세무궁토록 살아계시며, 또한 우리는 일곱 귀신들렸던 사람에게 처음으로 계시된 그리스도의 능력을 통해서 하나님의 은혜의 부요함을 맛보고 있다.

만일 주님이 우리 영혼에 "평강"을 말씀하신다면, 그것은 무슨 의미이겠는가? 이는 우리 영혼에 능력을 주기 위한 것이다. 이것은 단순히 인사의 말 한 마디를 건네는 것이 아니라, 평강, 영원한 평강을 주시는 것이다. 평강은 주님이 십자가에서 우리의 모든 죄를 감당해주셨고, 십자가 구속 사역이 완성되었기 때문에 가능해진 것이다. 이 사실에 근거해서 주님은 "평강"을 말씀하신다. 이런 의미에서 주님이 다시 살아나기 전에는 결코 평강을 말씀하실 수 없었다는 것을 제대로 보았다면, "그러므로 우리가 믿음으로 의롭다 하심을 받았으니 우리 주 예수 그리스도로 말미암아 하나님과 화평을 누리자"(롬 5:1) 또는 "그러면 이제 우리가 그의 피로 말미암아 의롭다 하심을 받았으니 더욱 그로 말미암아 진노하심에서 구원을 받을 것이니"(롬 5:9)라는 말씀을 이해할 수 있을 것이다. 당신의 영혼은 이러한 평강을 맛보았는가? 또한 잃어버린바 되었다는 것이 무엇인지 알았는가? 단순히 나에게 구주가 필요하다거나 또는 정욕으로 쓸 무언가 얻기를 바라는 마음으로 예수님을 바라보는 것이 아니라 당신이 지고 있는 죄짐의 무게를 느끼면서 예수님을 바라보는 것이 어떠한가?

180
당신이 진정 "내 영혼 평안해"라고 말할 수 없다면, 진지한 마음과 태도로 십자가를 바라보아야 한다.

진지하지 못한 사람은, 자신의 필요를 보지 못하기 때문에 자신이 직접 그 필요를 체감하기 전에는 십자가를 바라볼 수 없다. 예수님에게 쏟아 부어진 진노를 생각하면서 자신을 평가하는 수밖에는 없다. 십자가에서 돌아선다면, 평강을 얻을 수 있는 길은 없다. 십자가가 진정 우리로 하여금 죄가 무엇인지를 보게 해준다면, 우리는 부끄러움과 수치를 느낄 것이다. 십자가는 그 자체로, 구원에 이르게 하는 하나님의 능력이다. 당신과 화목하기를 바라시는 하나님에게로 속히 돌이키라. 주님이 우리에게 베푸신 하나님의 은혜의 풍성함을 통해서 죄의 비참한 모습을 보게 해주시고, 예수님께서 당신을 대신해서 그 진노의 잔을 받아 마셨으나 지금은 부활하신 구주이신 것을 감사한 마음으로 받아들이게 해주시기를 바란다. 그렇다면 죄에 대하여 단번에 죽으셨으나 지금은 세세토록 살아계신 주님을 믿는 믿음을 통해서 당신은 평강의 삶 속으로 들어가게 될 것이고, 이제는 하나님을 향해 살게 될 것이다. JND

15장 요약

죄를 깨닫고 각성되는 것은 참으로 특별한 고통의 시간이다. 세상은 떠나가고, 예수님을 잃어버렸다는 자각과 다시는 볼 수 없을 것 같은 느낌이 혼합해서 다가온다. 하지만 이때에야말로 예수님이 자신을 나타내시는 최적의 조건과 상태이다. 주님을 잃었다고 느끼는 사람은 구주를 찾기 전까지 결코 자기 영혼을 만족시킬 수 없다. 바로 여기에 십자가의 가치가 있다. 십자가는 우리가 잃어버린바 된 상태에 있다는 것의 상징일 뿐만 아니라, 우리에게 속한 모든 문제가 다른 사람에 의해서 해결됨으로써 죄인에 대한 송사가 다 충족된 것에 대한 상징이다.

부활은 바로 그리스도의 섬김이 얼마나 확실히 사단을 이겼는가를 입증한다. 우리는 그리스도의 의로운 영혼이 겪은 슬픔과 고통 속에서, 그리고 그리스도의 죽음 속에서, 죄가 과연 어떤 것인지를 배운다. 사단이 우리에게 덧씌운 사망의 굴레 아래 오신 주님은 우리의 모든 죄를 담당하심으로써, 그 굴레를 벗기셨다. 이것이 바로 십자가의 진정한 의미이다.

지금 우리에게 말씀하시는 분은 십자가에 달리신 구주가 아니라 다시 살아나신 주님이시다. 우리를 참소하고 송사하는 모든 것에 대해 승리하심으로써 지금 우리에게 승리를 주시는 주님이시다. 주님은 사단의 모든 송사로 인해서 고통하고 또 고통 받는 우리를 해방시켜주셨다.

이제 부활하신 주님이 우리 영혼에 "평강"을 말씀하신다면, 그것은 우리 영혼에 능력을 주기 위한 것이다. 이것은 단순히 인사의 말 한 마디를 건네는 것이 아니라, 평강, 영원한 평강을 주시는 것이다. 평강은 주님이 십자가에서 우리의 모든 죄를 감당해주셨고, 십자가 구속 사역이 완성되었기 때문에 가능해진 것이다.

형제들의 집 도서 안내

1. 조지 뮐러 영성의 비밀
   조지 뮐러 지음/이종수 옮김/값 1,000원
2. 수백만을 감동시킨 사람을 감동시킨 바로 그 사람: 헨리 무어하우스
   존 A. 비올리 지음/이종수 옮김/값 1,000원
3. 내 영혼의 만족의 노래
   W.T.P 윌스톤 지음/이종수 옮김/값 1,000원
4. 모든 일을 하나님의 영광을 위하여 하라
   해리 아이언사이드 지음/이종수 옮김/값 1,000원
5. 잃어버린 영혼을 위해서 어떻게 기도해야 하는가
   오스왈드 샌더스, 찰스 스펄전 지음/이종수 옮김/값 1,000원
6. 윌리암 켈리의 로마서 복음의 진수
   윌리암 켈리 지음/이종수 옮김/값 5,000원
7. 이것이 거듭남이다
   알프레드 깁스 지음/이종수 옮김/값 8,000원
8. 존 넬슨 다비의 영성있는 복음
   존 넬슨 다비 지음/이종수 옮김/값 5,000원
9. 로버트 클리버 채프만의 사랑의 영성
   로버트 C. 채프만 지음/이종수 옮김/값 5,000원
10. 영성을 깊게 하는 레위기 묵상
    C.H. 매킨토시 외 지음/이종수 옮김/값 5,000원
11. 존 넬슨 다비의 성경주석: 빌립보서
    존 넬슨 다비 지음/이종수 옮김/값 5,000원
12. 존 넬슨 다비의 히브리서 묵상
    존 넬슨 다비 지음/정병은 옮김/값 9,000원
13. 조지 커팅의 영적 자유
    조지 커팅 지음/이종수 옮김/값 4,000원
14. 윌리암 켈리의 해방의 체험
    윌리암 켈리 지음/이종수 옮김/값 3,000원

15. 존 넬슨 다비의 성경주석: 골로새서
				존 넬슨 다비 지음/이종수 옮김/값 7,000원
16. 구원 얻는 기도
				이종수 지음/값 5,000원
17. 영혼의 성화
			프랭크 빈포드 호올 지음/이종수 옮김/값 1,000원
18. 당신은 진짜 거듭났는가?
				아더 핑크 지음/박선희 옮김/값 4,500원
19. C.H. 매킨토시의 완전한 구원
			C.H. 매킨토시 지음/이종수 옮김/값 4,600원
20. 존 넬슨 다비의 하나님의 뜻을 분별하는 법
				존 넬슨 다비 지음/이종수 옮김/값 1,000원
21. 존 넬슨 다비의 성경주석: 요한계시록
				존 넬슨 다비 지음/이종수 옮김/값 10,000원
22. 주 안에 거하라
	해밀턴 스미스, 허드슨 테일러 지음/이종수 옮김/ 값 1,000원
23. C.H. 매킨토시의 하나님의 선물
			C.H. 매킨토시 지음/이종수 옮김/값 4,000원
24. 존 넬슨 다비의 성경주석: 에베소서
				존 넬슨 다비 지음/이종수 옮김/값 8,000원
25. 존 넬슨 다비의 영적 해방
				존 넬슨 다비 지음/문영권 옮김/값 7,000원
26. 건강하고 행복한 그리스도인이 되는 법
		어거스트 반 린, J. 드와이트 펜테코스트 지음/ 값 1,000원
27. 존 넬슨 다비의 성경주석: 로마서
				존 넬슨 다비 지음/문영권 옮김/값 12,000원
28. 존 넬슨 다비의 성화의 길
				존 넬슨 다비 지음/이종수 옮김/값 4,500원

29. 기독교 신앙에 회의적인 사랑하는 나의 친구에게
　　　　　　　로버트 A. 래이드로 지음/박선희 옮김/값 5,000원
30. 이수원 선교사 이야기
　　　　　　　더글라스 나이스웬더 지음/이종수 옮김/값 5,000원
31. 체험을 위한 성령의 내주, 그리고 충만
　　　　　　　조지 커팅 지음/이종수 옮김/값 4,500원
32. 존 넬슨 다비의 성경주석: 갈라디아서
　　　　　　　존 넬슨 다비 지음/이종수 옮김/값 4,800원
33. 존 넬슨 다비의 성경주석: 요한서신서 · 유다서
　　　　　　　존 넬슨 다비 지음/문영권 옮김/값 8,000원
34. 존 넬슨 다비의 성경주석: 데살로니가전 · 후서
　　　　　　　존 넬슨 다비 지음/이종수 옮김/값 8,000원
35. 그리스도와의 연합과 구원(성경공부교재)
　　　　　　　문영권 지음/값 2,500원
36. 그리스도와의 연합과 성화(성경공부교재)
　　　　　　　문영권 지음/값 3,000원
37. 사도라 불린 영적 거장들
　　　　　　　이종수 지음/값 7,000원
38. 당신은 진짜 하나님을 신뢰하는가
　　　　　　　조지 뮬러 지음/ 이종수 옮김/값 4,500원
39. 그리스도와 연합된 천상적 교회가 가진 영광스러운 교회의 소망
　　　　　　　존 넬슨 다비 지음/ 문영권 옮김/ 값 13,000원
40. 가나안 영적 전쟁과 하나님의 전신갑주
　　　　　　　존 넬슨 다비 지음/ 이종수 옮김/ 값 2,000원
41. 죄 사함, 칭의 그리고 성화의 진리
　　　　　　　고든 헨리 해이호우 지음/ 이종수 옮김/ 값 2,000원
42. 하나님을 찾는 지성인, 이것이 궁금하다!
　　　　　　　김종만 지음/ 값 10,000원

43. 이것이 그리스도의 심판대이다
                          이종수 엮음/ 값 8,000원
44. 존 넬슨 다비의 성경주석: 마태복음
                  존 넬슨 다비 지음/이종수 옮김/값 16,000원
45. C.H. 매킨토시의 하나님에 관한 진실
                  C.H. 매킨토시 지음/이종수 옮김/값 1,000원
46. 존 넬슨 다비의 성경주석: 여호수아
                   존 넬슨 다비 지음/문영권 옮김/값 8,000원
47. 찰스 스탠리의 당신의 남편은 누구인가
                     찰스 스탠리 지음/이종수 옮김/값 4,000원
48. 존 넬슨 다비의 성령론
                  존 넬슨 다비 지음/이종수 옮김/값 13,000원
49. 존 넬슨 다비의 영적 해방의 실제
                   존 넬슨 다비 지음/이종수 옮김/값 5,000원
50. 존 넬슨 다비의 주요사상연구: 다비와 친구되기
                                문영권 지음/값 5,000원
51. 존 넬슨 다비의 죽음 이후 영혼의 상태
                   존 넬슨 다비 지음/이종수 옮김/값 5,000원
52. 신학자 존 넬슨 다비 평전
                                이종수 지음/ 값 7,000원
53. 존 넬슨 다비의 요한복음 묵상
                   존 넬슨 다비 지음/이종수 옮김/값 8,000원

형제들의 집 도서 안내

작지만 큰 책 - 소책자 시리즈
1. 조지 뮐러 영성의 비밀
   조지 뮐러 지음/값 1,000원
2. 수백만을 감동시킨 사람을 감동시킨 바로 그 사람: 헨리 무어하우스
   존 A. 비올리 지음/값 1,000원
3. 내 영혼의 만족의 노래
   W.T.P 월스톤지음/값 1,000원
4. 모든 일을 다 하나님의 영광을 위하여 하라
   해리 아이언사이드지음/값 1,000원
5. 잃어버린 영혼을 위해서 어떻게 기도해야 하는가
   찰스 스펄전 지음/값 1,000원
6. 영혼의 성화
   프랭크 B. 호올 지음/값 1,000원
7. 존 넬슨 다비의 하나님의 뜻을 분별하는 법
   존 넬슨 다비 지음/값 1,000원
8. 주 안에 거하라
   허드슨 테일러 지음/ 값 1,000원
9. 건강하고 행복한 그리스도인이 되는 법
   어거스트 반 린지음/ 값 1,000원
10. 하나님에 관한 진실
    C.H. 매킨토시 지음/ 값 1,000원

존 넬슨 다비 시리즈
1. 존 넬슨 다비의 영성있는 복음
   존 넬슨 다비 지음/값 5,000원
2. 존 넬슨 다비의 히브리서 묵상
   존 넬슨 다비 지음/값 9,000원
3. 존 넬슨 다비의 영적 해방
   존 넬슨 다비 지음/값 7,000원
4. 존 넬슨 다비의 성화의 길
   존 넬슨 다비 지음/값 4,500원
5. 영광스러운 교회의 소망
   존 넬슨 다비 지음/ 값 13,000원
6. 가나안 영적전쟁과 하나님의 전신갑주
   존 넬슨 다비 지음/값 2,000원
7. 존 넬슨 다비의 성령론
   존 넬슨 다비 지음/값 13,000원
8. 존 넬슨 다비의 영적 해방의 실제
   존 넬슨 다비 지음/값 5,000원
9. 죽음 이후 영혼의 상태
   존 넬슨 다비 지음/값 5,000원
10. 존 넬슨 다비의 요한복음 묵상
    존 넬슨 다비 지음/값 8,000원

존 넬슨 다비의 성경주석시리즈
1. 마태복음
   존 넬슨 다비 지음/값 16,000원
2. 로마서
   존 넬슨 다비 지음/값 12,000원
3. 갈라디아서
   존 넬슨 다비 지음/값 4,800원
4. 에베소서
   존 넬슨 다비 지음/값 8,000원
5. 빌립보서
   존 넬슨 다비 지음/값 5,000원
6. 골로새서
   존 넬슨 다비 지음/값 7,000원

7. 데살로니가전·후서
　　존 넬슨 다비 지음/값 8,000원
8. 요한서신서·유다서
　　존 넬슨 다비 지음/값 8,000원
9. 요한계시록
　　존 넬슨 다비 지음/값 10,000원
10. 여호수아
　　존 넬슨 다비 지음/값 8,000원

경건 영성 시리즈

1. 로버트 클리버 채프만의 사랑의 영성
　로버트 C. 채프만 지음/값 5,000원
2. 조지 커팅의 영적 자유
　　조지 커팅 지음/값 4,000원
3. 윌리암 켈리의 해방의 체험
　　윌리암 켈리 지음/값 3,000원
4. 영성을 깊게 하는 레위기 묵상
　C.H. 매킨토시 외 지음/값 5,000원
5. C.H. 매킨토시의 완전한 구원
　　C.H. 매킨토시 지음/값 4,600원
6. 이수원 선교사 이야기
　　이수원 지음/ 값 5,000원
7. 체험을 위한 성령의 내주, 그리고 충만
　　조지 커팅 지음/ 값 4,500원
8. 사도라 불린 영적 거장들
　　이 종 수 지음/ 값 7,000원
9. 당신은 진짜 하나님을 신뢰하는가
　　조지 뮬러 지음/ 값 4,500원
10. 죄사함, 칭의, 그리고 성화의 진리
　고든 헨리 해이호우 지음/값 2,000원

11. 이것이 그리스도의 심판대이다
　　이 종 수 지음/ 값 8,000원
12. 당신의 남편은 누구인가
　　찰스 스탠리 지음/ 값 4,000원
13. 다비와 친구되기
　　문 영 권 지음/ 값 5,000원
14. 신학자 존 넬슨 다비 평전
　　이 종 수 지음/ 값 7,000원

구원 확신 시리즈

1. 윌리암 켈리의 로마서 복음의 진수
　　윌리암 켈리 지음/값 5,000원
2. 구원 얻는 기도
　　이종수 지음/값 5,000원
3. 이것이 거듭남이다
　　알프레드 깁스 지음/값 8,000원
4. 당신은 진짜 거듭났는가?
　　아더 핑크 지음/값 4,500원
5. 사랑하는 나의 친구에게
　　로버트 A. 래이드로/값 5,000원
6. C.H. 매킨토시의 하나님의 선물
　　C.H. 매킨토시 지음/값 4,000원
7. 하나님을 찾는 지성인, 이것이 궁금하다
　　김 종 만 지음/ 값 10,000원

성경공부 교재 시리즈

1. 그리스도와의 연합과 구원
　　문 영권 지음/ 값 2,500원
2. 그리스도와의 연합과 성화
　　문 영권 지음/ 값 3,000원